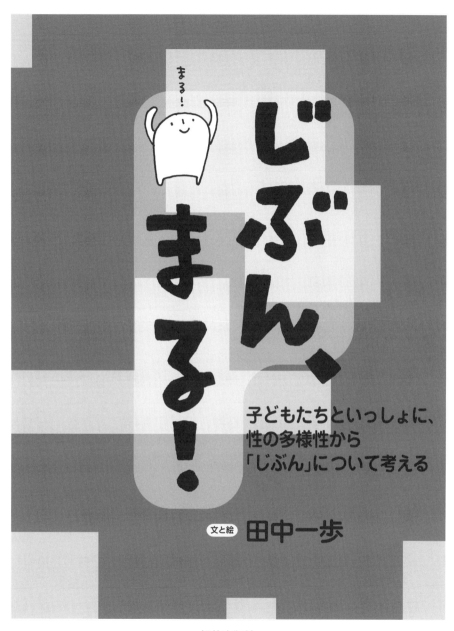

まる！

じぶん、まる！

子どもたちといっしょに、
性の多様性から
「じぶん」について考える

文と絵 田中一歩

解放出版社

わたしのだいじなものは
わたしのもの!

はじめに

はじめまして。

ボクは田中一歩 と いいます。

ボクの ちょっと くわしい自己紹介は
この本の コラムに 書いてるので
読んでください。

コンちゃん (近藤まさ子) と ふたりで
にじいろi-Ru (アイル) として
活動しています。
コラム④ に. コンちゃんのことも 書いてます。

この本では……　にじいろi-Ru が 子どもたち向けに
している 出前講座「じぶんをいきるためのる。」を
子どもたちに 届けよう！を なぜはじめたの？ どんな内容？（第2章）
具体的な 子どもたちの 様子は？（第3章）など 書いています。

この本を出すことになった時……

ボクの中に 小学校に 行く前の小さな子どもたちに
ついて「ぜったいに書きたい！」という思いが ありました。

それはなぜか....?

小さな子どもたちのまわりにいる大人たちからの
切実な声をきいてきたからです。(第4章)

そんな大人を「ひとりぼっちにしたくない!」
そして、小さな子どもたちが出している
「こうしたい」「こうありたい」"じぶん"を
大事にできる大人を増やしたい!
そんな社会をつくりたい!(第5章)
こんな思いも込められています。

2019年4月から、ちゃいるどネットOSAKAの情報誌に
ボクが書いている文章(現在も連載中!)を読んでくれた
解放出版社の方に声をかけていただき
今回本にすることができました。

この本を読んでくださるあなたが、読みながら
"じぶん"について、そして近くの誰かについて
考えることができるといいなと思っています。

今、あなたは、どんな"じぶん"を生きていますか?

第❸章 ｜ 子どもたちとの出会いのなかで 見えてきたこと

第**❹**章 小さな子どもたちと、
その保護者との出会い

第**❺**章 ボクたちが思う「一人ひとりの性のあり方が
尊重される園・所・学校」とは

第 **1** 章

性のあり方・性の多様性との出会い

大人になって知ったこと

　あなたは子どものころ、好きだったもの、好きだったことはありますか？　それはなんですか？　どんなことですか？　「こうしたい」「こうありたい」といった、じぶんのキモチを大事にできていましたか？

　ボクは、大人になってはじめて、じぶんの着たい服だけを着ると決めました。いつでもじぶんのしたい髪型で生活することができました。じぶんの履きたいパンツを履くことができました。話したいことばで話すことができました。じぶんが好きになった人に「好き」と伝えることができました。じぶんのことを「おかしくない」と思うことができました。

　ボクは子どものころ〝出生時に割り当てられた性別がその人の性である〟〝誰もが異性を好きになる〟それが「あたりまえ」だと思っていました。

　その「あたりまえ」にあてはまらないボク。じぶんの身体がいやだと思っているボク。「女子」として学校に通っていたボクの好きな人は「女の子」。

　そんな「あたりまえ」にあてはまらないじぶんのことを「おかしい」と思っていました。

　もし家族、ともだち、先生にそのことを言ったら「おかしい」「きもち悪い」「へん」と思われると思っていました。だから、本当に着たい服、したい髪型、履きたいパンツ、話したいことばについて人に伝えることができませんでした。　好きな人がいても、その人に「好き」と伝えることもできませんでした。ボクはこのことを大人になるまで言いませんでした。家族、ともだち、先生、誰にも。

大人になって、はじめて「おかしくないよ。」「じぶんの大事にしたいことを大事にしていいよ。」と言ってくれる人に出会いました。そして、いろんな人に出会いました。いろんな人に出会うなかで〈性のあり方〉について知りました。性がとても多様であることを知りました。

　身体のカタチもいろいろ。
　じぶんの性をどう思うか？　女・男・女でも男でもない・女でも男でもある、などもいろいろ。
　じぶんをどう表現したいか？　一人称は？　髪型は？　服装は？などもいろいろ。
　じぶんがどんな人を好きになるか、好きにならないなど、好きのカタチもいろいろ。

　この〈性のあり方〉についてボクが知ったのは 20 代後半でした。誰が誰を好きになっても、好きにならなくても、じぶんの性をどんなふうに思っても、じぶんのことをどんなふうに表現しても、そのことを理由に否定・排除されていい人なんてひとりもいないことを知りました。いろんな人たちとの出会いを通して、ボクは何年もかけてやっとじぶんのことを「おかしくない」と思うことができました。

そこにいるのに、いないものにしてきたのはボク自身だった

　そんなボクが子どものころ出会いたかった絵本、そして今の子どもたちに届けたい絵本として描いた『じぶんをいきるためのるーる。』（解放出版社、2015 年）は、とても簡単なことばと絵で描かれた小さな絵本です。

絵本のなかに出てくる小さなキャラクター「じぶんちゃん」は、子どもたちに「じぶんの好きを好きでいいよ。」「じぶんの大事にしたいことを大事にしていいよ。」「じぶん、まる！」と言ってくれます。

　絵本のなかに、６つのるーるが出てきます。

　　るーる１「じぶんがきたいふくをきる。」
　　るーる２「じぶんがしたいかみがたにする。」
　　るーる３「じぶんがつけたいしたぎをつけ
　　　　　　る。」
　　るーる４「じぶんがつかいたいことばでは
　　　　　　なす。」
　　るーる５「じぶんがスキになったひとをス
　　　　　　キになる。」
　　るーる６「じぶんのことをおかしいとおも
　　　　　　わない。」

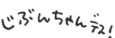

　この６つのるーるはその人自身の〈性のあり方〉と大きく関連する内容です。

　子どもの時、どうしてもできなかったこの６つのことを「るーる」にしてしまえば、じぶんの大事にしたいことを大事にしながらボクはボクを生きることができたのではないか。

　そして、ボクに「じぶんをいきるためのるーる」があるように、ボクじゃない誰かにとっても「じぶんをいきるためのるーる」があって、お互いにお互いのるーるを尊重し合うことができたら、みんながすごくらくちんで、とても豊かに生きることができるのではないか。

　そんなことを思いながらこの絵本を作りました。

今のボクは、この6つのるーるを大事にしています。そして、じぶんを生きることができています。

　ボクはボクを生きることができています。

　それは、それまで思ってきた性に対しての「あたりまえ」が「あたりまえ」ではなく、100人いれば100通りの〈性のあり方〉があると言われるほど、性が多様であることを知り、性が多様であることはとても自然なことであるということを知ることができたからです。

　〈性のあり方〉〈性の多様性〉についての情報がなく、深く知らないということは、じぶんの〈性のあり方〉を否定することにもつながるけれど、じぶんのすぐ近くの誰かの〈性のあり方〉について否定してしまうことにもつながるということは、ボク自身の経験を通して実感していることです。

　ボクと同じ地域でいっしょに生活してきたあのともだちや同級生のなかにも、好きになる相手のことや家族のカタチ、じぶんが思う性について悩んだり考えたりすることがあって、ここではやっぱりこのことは言えないなぁ……と思いながら過ごしてきたともだちがいたんじゃないか。

　ボクの周りにいたあのともだちにとって、ボクは「あなたに聞いてほしいよ。」と思ってもらえる人ではなかったのではないか。

　ボクがじぶんの性について思ってきたことを誰にも言えなかったのは事実だけれど、ボクにじぶんの性について思っていることを言ってくれたともだちもいなかったということに、ボクは長い間、気づけていませんでした。

　また、子どもの人権を大事にする保育をしてきたあの職場でも、もしかしたらじぶんの性について誰にも言わずに周りに合わせて過ごしていた同僚、保護者、子どもたちがいたのではないか。

　ボク自身がさまざまな〈性のあり方〉があることを知ることがで

きたことで、そこにいるのに、いないものにしてきたのはボク自身だったんだということに、今やっと気づくことができたのです。

　また、これは性のことに限りません。じぶんの周りにすでにいろんな人がいるということ、ボクはどれだけそのことを思いながら今まで生活してきただろうか、今も生活しているだろうか。

　じぶんには守られている権利が守られていない人たちがいること、そしてボクもそんな社会をつくっているひとりであるということを自覚し、「おかしい」と思うことに声を上げたり、行動できているだろうか。

　〈性のあり方〉〈性の多様性〉について知るなかで、じぶんと向き合うことが増えたボクは、じぶんと社会について、じぶんと近くにいる誰かについても、今までよりほんの少し深く考えるようになりました。

　ボクが子どものころ出会った大人の人たちが、その時のじぶんについて、そしてじぶんと社会について考えていることを一生懸命語ってくれたように、ボクも今の子どもたちにじぶんのことばで丁寧に話したいと思っています。

　そして、子どもたちといっしょに考えることができる大人でありたいと思っています。子どもたちが今、思っていること、知りたいこと、大事にしたいことを聴ける大人でありたいと思っています。

じぶんを表す「ことば」との出会い

　「ずっと『スカートをはきたい。』『女性の身体を獲得したい。』と思っていた。でも、そんなじぶんのことは変態としか思えなかった。だから隠そうと思った。隠すのは簡単だった。心のなかに箱をひとつ作って『スカートをはきたい。』『女性の身体を獲得したい。』という思いをポイポイポイと放り込んだ。そうすれば、変態のじぶんを

簡単に隠せた。じぶんにとっては、その箱があるのがあたりまえだった。だから、その箱があることがしんどいとは思わなかった。」

　これは、ボクと同じように〝出生時に割り当てられた性別がその人の性である〟、そして、〝誰もが異性を好きになる〟それが「あたりまえ」で、その「あたりまえ」にあてはまらないじぶんは「おかしい」と思い、ずいぶん長い間、〈じぶんの思う性〉について誰にも言わず〈出生時に割り当てられた性別〉で生きてきた土肥いつきさん（第4章、コラム⑤に登場します）の「ことば」です。

　ボクが子どものころ、じぶんの性について、また〈性のあり方〉について話してくれた人はいませんでした。

　きっとボクが育ったあの時代、あの場所にもいろんな〈性のあり方〉の人がいたはずです。ただ、ボクの記憶にはありません。大人になって、本のなかやテレビ、インターネットなどで少しずつ情報を得るようになります。しかし、そこで出会って得た用語ではなく、誰かがじぶんのことを語る「ことば」と出会うことで、はじめてボクはボクを表す「ことば」を獲得していきました。その「ことば」を使ってじぶんのキモチを誰かに伝えることができるようになりました。

ことばにしていいよー

その後、いろんな人に出会い、いろんな経験のなかで、今もじぶんを表す「ことば」は変化し続けています。

　もし、子どものころ〈性のあり方〉について話してくれた人、じぶんの性について話してくれる人に出会えていたら、あのころのボクはどんな「ことば」でじぶんを表していただろう？

　じぶんの性がなんであるか、そしてこの社会のなかでどんな存在でありたいかを表すために「ことば」はとても大事で、どんな「ことば」を使ってじぶんを表すのかは、誰かに勝手に決められるものでもなく、その人自身が今のじぶんに合った「ことば」でじぶんを表すことができればいいなと思っています。

　そのためには、すべての人が性についての情報を得ることができる、そんな環境が必要だと思っています。小さな時からいろんな情報を得たうえで、今、どんなじぶんを生きたいのか、誰とどんな関係を持って生きたいのか選択する権利があります。

　とても小さな子どもたちにとって、自身の〈性のあり方〉と向き合う時、こんなことがしたい・これが好き・こんなことを思っている・これがいや！　そんなじぶんのなかにあるキモチを「ことばにしていいんだ」と思えることが大切だと思っています。

　そして、その内容は変化することもあります。揺れたり、迷ったり、まちがえたりしながら、じぶんと向き合う、そのことが、じぶんを生きること、その人がその人を生きることにつながっていると思っています。

絵本『じぶんをいきるためのるーる。』

誰にも言えないボクの「ひみつ」

　ボクの〈出生時に割り当てられた性別〉は女の子でした。そして〈出生時に割り当てられた性別〉である女の子として育てられていくことになります。

　幼かったころのボクの写真を見るとワンピースやスカートを着ていて、髪の毛は長く、みつあみをした写真が多くあります。身の回りにはキキララや、こえだちゃんのキャラクターのおもちゃ、ピンクレディーの枕などがあり、ぬいぐるみが好きな女の子として生活をしていた記憶があります。

　その後、2歳下と6歳下にきょうだいができます。するとじぶんの生活に、じぶんのもの以外のもの、たとえば、きょうだいたちのおもちゃや漫画などが増えていきます。常にじぶんの周りには、社会のなかにあるいわゆる女の子用・男の子用、両方のものがあるなかで生活するようになります。

　そんななかで、ボクは漫画『キャプテン翼』が大好きになります。キン肉マン消しゴムや、スーパーカー消しゴムを集めるようになります。

　小学校高学年のころ、男女にわかれてあそぶことが多くなると、男の子たちといっしょにサッカーや野球をするようになり、好きな服装も上下ジャージなど、ズボンを好むようになります。そんなボクみたいな感じの「女の子」は、ボク以外にも数人いた記憶があります。

　高学年のころのボクには「このことは誰にも言えない」と思っていることがありました。

　それは、じぶんの身体になぜペニスがないんだろう？　と思っていたということ。

　そして、クラスのともだちにじぶんのことを男の子としてみて

ほしいというキモチがあったということ。

　恋愛対象として好きになる子が「女の子」として存在している子であるということでした。

　中学生になるとそのキモチはどんどん強くなります。それでも、もちろんそのことは誰にも言わず、女子の制服を着て女子として学校に行き、ボーイッシュな「女の子」として学校生活を送っていました。

　男の子にまちがえられてうれしくても絶対うれしいとは言わない。それどころか男の子にまちがえられたことに対して「腹立つわ！」と怒ってみたり、好きな「女の子」がいててももちろん言えないので、好きな男の子がいるふりをして、ともだちとの会話を盛り上げたりするような子でした。

　中学校ではともだちとアホなこともたくさんして、みんなで先生に怒られたり。部活では弱小ソフトボール部のキャプテンをしたり、楽しい思い出がたくさんあります。

　高校は行きたい高校に行けず、セーラー服を着ることになります。高校生活を思い返してみると、じぶんの性については、考えたり悩んだりした記憶はまったくなく、誰にも言えない「あのこと」は「ないこと」にして生活していた3年間だったと思います。高校でもじぶんの性について以外は、いろんなことが話せるともだち・先生との出会いがありました。ただ、3年間着た制服はやっぱりいやで、卒業と同時にすぐに捨てました。

　小・中・高、あのころのボクを知っているともだちや先生は、「あんた、めっちゃ楽しそうに学校きてたやん。」きっとそう言うと思います。それくらい楽しく、充実した学校生活を送っていたと思います。

　その後、保育士になるため短大に行きます。制服から解放され、

やっとじぶんの好きな服を着て学校生活を送ることができます。なのに、卒業アルバムの写真では、上下水色のスカートのスーツを着て、写真屋さんに要求されるポーズ（校庭の木にもたれかかってはっぱを触るような恰好）をしたり、卒業式では本当はパンツスーツが履きたかったのにやっぱりスカートで、ネクタイをつけたい！　という希望だけはがんばって通した思い出があります。

　成人式では化粧もして、振袖もじぶんで選んで写真も撮ります。あの時のボクは、女性として生きるしかないんだから、それだったら〝より女性らしく！〟をがんばっていたと思います。

　じぶんの「こうしたい」「こうありたい」を出したくても出せない、出したとしてもそこには常に「女の子」としてしか見てもらえない現実があって、「こうしたい」「こうでありたい」に対してあきらめを感じていました。そして、そんなふうに思っていることを誰にどう言っていいのかわからず過ごしてきた子ども時代・学生時代でした。

第**②**章

〝出前講座「じぶんをいきるためのるーる。」を
子どもたちに届けよう〟ってどんな講座？

どんなんかなー？

にじいろi-Ru
出前講座

にじいろi-Ru（アイル）とは

　第1章に書いたように、ボクは〈性のあり方〉〈性の多様性〉についていろいろ情報を得るようになり、いろんな性のあり方の人に出会っていきます。

　そのいろんな人との出会いをきっかけに、絵本『じぶんをいきるためのるーる。』（解放出版社）を作りました。

　すべての子どもたちに「じぶん、まる！」を届けたい、絵本『じぶんをいきるためのるーる。』を届けたいという思いから、ボク（いっぽ）とコンちゃんとふたりで2015年1月、にじいろi-Ru（アイル）を立ち上げることになりました。

　にじいろi-Ru のにじいろは、多様性を表しています。

　にじいろi-Ru の i は、「わたし」「じぶん」の〝i〟。わたしたち一人ひとりは誰もがたったひとりの大切な〝じぶん〟です。

　にじいろi-Ru の i-Ru は、「いる」。いるのにいないものにしな

ぴたっ

にじいろi-Ru（アイル）のHP
nijiiroi-ru.jimdofree.com

いで！　そこにいるよ！　ここにいるよ！　という思いが込められ
ています。

子どもたち向けの出前講座について

「〈性のあり方〉〈性の多様性〉について子どものころに知りたかっ
た」というボクたちの思いと、「すべての子どもたちには〈性のあ
り方〉〈性の多様性〉について知る権利がある」という思いから、
絵本『じぶんをいきるためのるーる。』を通してすべての子どもた
ちに「じぶん、まる！」を届けに行こう！　ということで講座をは
じめることになりました。

　そしてもし、「じぶんはみんなとちがうからおかしい。」「ひとり
ぼっちだ。」と思っている子がいるとしたら、「おかしくないよ。」「ひ
とりじゃないよ。」を届けたい、そんな思いでスタートしました。

　具体的にどんな講座にしていくか、コンちゃんとふたりで考えて
いきました。

　ボクたちがこの講座で大事にしようと考えたこと、それは〝子ど
もたちになにかを教える講座ではなく、子どもたちといっしょに考
える講座にしよう！〟ということでした。

　そして、子どもたちが〈性のあり方〉〈性の多様性〉について知っ
た時、遠くにいる誰かのこと、じぶんには関係ない誰かのこととし
て考えるのではなく、〈性のあり方〉〈性の多様性〉を知り、そのこ
とを通して「じぶん」について、「じぶんの近くにいる誰か」につ
いて考えてほしいなと思っていました。

　また、講座のなかではいわゆる〈性のあり方〉〈性の多様性〉に
出てくるような用語（たとえば「LGBTQ」や「性自認」「性的指向」など）
は使わず、その用語の意味を、丁寧に具体的なことばを使って話す
ことなども決めていきました。

たとえば〈生物学的性〉は、身体のカタチもいろいろ。

〈性自認〉は、じぶんの性をどう思うか？　女・男・女でも男でもない・女でも男でもある、などもいろいろ。

〈性表現〉は、じぶんをどう表現したいか？　一人称は？　髪型は？　服装は？　などもいろいろ。

〈性的指向〉は、じぶんがどんな人を好きになるか、好きにならないなど好きのカタチもいろいろ。

2016年にスタートした講座は、毎年子どもたちから出てくることばやキモチ、子どもたちの置かれている現実を知るなかで、講座の進め方や、ボクたちが話す内容、子どもたちといっしょに考える内容など、少しずつ変化し続けています。

ボクとコンちゃんのふたりが、申し込んでいただいた園・所や学校に行ってクラスごとに行います。かかわる大人の方に「子どもたちの様子を見てほしい。」「子どもたちのつぶやきを聞いてほしい。」というボクたちの思いからクラスごとにしています。

対象は4歳児〜小学校6年生まで。

講座時間は、4・5歳児はだいたい1時間。小学生は45分です。

● ……………………………………………………………………………… 講座の目的

＊ひとりで悩んでいるセクシュアルマイノリティとされる子どもたちに、すべての子どもたちに、「ひとりじゃないよ。」「あなたはおかしくないよ。」と伝えたい。

＊〝人の性は、出生時に割り当てられた性別で決まる〟〝誰もが異性を好きになる〟が「あたりまえ」のなかで育っている子どもたちが、「あたりまえってなんだろ？」「じぶんはどうだろう？」と考える。

＊子どもたちが〈性のあり方〉〈性の多様性〉について深く知る
　きっかけをつくる。

● ‥‥‥‥‥‥‥‥‥‥‥‥‥‥‥‥‥‥‥‥‥‥‥‥‥‥‥‥‥‥ **4歳児・5歳児の講座の内容**

①ともだち紹介（いろんなともだちが自己紹介をしてくれます）
　いろんな〈性のあり方〉の人、年齢もいろいろ（5歳〜60代）で、
　一人称、表現もいろいろ、好きのカタチもいろんな人です。
②絵本『じぶんをいきるためのるーる。』を読みます。
③世界でたったひとりのじぶんちゃんを作ります。
④クラスに絵本を1冊プレゼントします。
⑤後日感想を送ってもらいます。（参加していた職員）

● ‥‥‥‥‥‥‥‥‥‥‥‥‥‥‥‥‥‥‥‥‥‥‥‥‥‥‥‥‥‥‥ **小学生の講座の内容**

①ともだち紹介（いろんなともだちが自己紹介をしてくれます）
　いろんな〈性のあり方〉の人、年齢もいろいろ（5歳〜60代）で、
　一人称、表現もいろいろ、好きのカタチもいろんな人です。
②ボク自身の話とボクたちが出会ってきた人たちの話をします。そ
　の話を通して〈性のあり方〉〈性の多様性〉について話します。
③絵本『じぶんをいきるためのるーる。』を読みます。
④呼んでいただいたクラス・グループに絵本を1冊プレゼントし
　ます。
⑤後日感想を送ってもらいます。（子どもと参加していた職員）

● ‥‥‥‥‥‥‥‥‥‥‥‥‥‥‥‥‥‥‥‥‥‥‥‥‥‥‥‥‥ **講座がはじまる前に**

　ボクたちふたりの自己紹介をします。

コン　わたしは近藤という名前で、みんなにコンちゃんと呼ばれて
います。コンちゃんと呼んでもらえるのが一番うれしいです。じぶ

んのことを話す時は「わたし」とか「コンちゃんはね……」といった感じで話します。今日はみんなに会えてうれしいなぁと思っています。

いっぽ　ボクの名前はいっぽって言います。みんなからはいっぽさんとか、いっぽくんとか、いっぽちゃんと言われています。呼んでもらえるとうれしいです。

　ボクの自己紹介のなかで「いっぽちゃんって言われています。」と言うと、笑ったり、「ちゃんはおかしい～。」と言う子どもがいました。そんな時は「おかしい？？」と子どもたちに聞きます。すると、「うん、おかしい～。だって男の人やのに！」と教えてくれました。「そっかぁ。ボクはいっぽちゃんって呼ばれるの好きやねん。」と答えました。

　講座の前の時間、ほかの教室で勉強していて、ボクらの講座の時間に帰ってきていない子がいたクラスがありました。
　その子の席が空いていて、理由を聞くと周りの子たちが教えてくれます。
「もう帰ってくるかな？」と聞くと、「うーんどうかなぁ？　もうはじめてもいいよ、遅いから。」と言った子たちもいました。
　ボクたちが「でも、その子にもボクたちの自己紹介聞いてほしいしなぁ。もう少し話して待っとこう。」と話していると、その子が教室に帰ってきました。
「おかえり。それじゃあはじめよかー。」と講座がはじまりました。
　子どもたちは「この人たちはどんな人やろ？？」「今からなにするんやろ？」と、いろいろ思いながら迎えてくれます。教室にはいった瞬間から、子どもたちとボクたちの時間ははじまっています。

ともだち紹介

　実際にボクたちが出会ったいろんな人たちを「ともだち」として
イラストで紹介します。

　Aさん～Gさん7人のともだちが順番に登場します。

Aさん　「ぼくはおとこのこです。」
　　　　Aさんは5歳の子です。保育園に行っています。
　　　　Aさんは家族のことも教えてくれたよ。
　　　　「ぼくは、おかあさんとおかあさんとぼくとの3にん
　　　　かぞくです。」

Bさん　「ぼくは、おんなのこです。」
　　　　Bさんは幼稚園に行っています。
　　　　今の一人称が「ぼく」で、おんなのこって教えてくれ
　　　　たよ。
　　　　「ぼく、きょう、ようちえんでどろんこあそびして
　　　　ん。」「ぼく、ぎゅうにゅうにがてやねん。」って話し
　　　　てたよ。

Cさん　「うちは女の子です。女の子のことが好きです。」
　　　　Cさんは60代の女性です。60代の女性と、長い間家
　　　　族として生活しています。

Dさん　「わたしは女の子です。男の子のことが好きです。」
　　　　Dさんは小学校6年生。時々いっしょにあそぶねんけ
　　　　ど、その時こんな話をしてくれたよ。

「『男の子やのにスカートはいてる〜。』って言われる
ことあるねん。それがめっちゃいややねん。わたしは
女の子やのに。」

Eさん　「ぼくは男の子です。女の子のことを好きになる時も
　　　　あるし、男の子のことを好きになる時もあります。」
　　　　Eさんは、18歳の高校生です。

Fさん　「オレは男の子です。男の子のことが好きです。」
　　　　Fさんは、27歳です。

Gさん　「わたしは女の子です。わたしは人を好きになるとい
　　　　うことがよくわかりません。」
　　　　Gさんは、20歳です。

コン　今からわたしたちの大事なともだちに出会ってもらいます。わたしたちのともだちには、生まれたばっかりの小さな子もいれば年齢がすごく上の人もいます。

　今日はそのともだちのなかの何人かにみんなに会ってもらいたいと思います。

　いっしょにくることはできないので、いっぽさんがその人たちをモデルにして絵を描いたので、絵でその人たちと出会ってね。

　と言って、まず〈ともだち紹介〉のＡさんが登場します。Ａさんのイラストをホワイトボードに貼ります。

　子どもたちのなかから「男の子やな！」と言う声が聞こえてきます。

「なんで男の子やと思う？」とコンちゃんが聞くと、「ズボンが青色やから〜。」と理由を教えてくれます。すると、それを聞いていた周りの子から「髪の毛が長いから女の子ちゃう？」などの意見が出ます。

コン　じゃあ、この子に聞いてみよか。

　と言って、その子のセリフが書いてある吹き出しをホワイトボードに貼って読みます。

Ａさん　ボクは男の子です。
コン　このともだちは今、保育園に行っている５歳の子です。

　すると最初に「男の子」と言った子は「当たってたー！」と喜び、「女の子ちゃう？」と言った子は首をかしげています。

コン　このともだちはじぶんの家族のことも教えてくれたよ。

　もうひとつの吹き出しをホワイトボードに貼ります。

Ａさん　ボクはお母さんとお母さんとぼくとの３人家族です。

　すると子どもたちは隣のともだちとコソコソ話したり、大きな声で「え──？　どういうこと？」「お母さんとおばあちゃん？？」と言ったりします。

コン　Ａさんが教えてくれたことで、なにか聞きたいことがあったら質問していいよ。わたしたちで答えられることがあったら答えるよ。

　と言うと、「お母さんがふたりってなんでなんですか？」「お父さんはいないんですか？」などの質問が出ます。

ボク　じゃあこのともだちのこと、もう少し話しするね。この子が生まれてきた時、お父さんとお母さんとこの子の３人家族やったけど、お父さんとお母さんが離婚することになって、この子はお母さんとふたり家族になってん。
　その後、お母さんに好きな女の人ができて、お母さんはその人と家族になりたいなぁと思ってん。今は、この子とお母さんと、お母さんが好きなその女の人と３人で家族として生活してるよ。

　続けて、

ボク　このクラスにもいろんな家族のカタチ、いろんな生活のおと

もだちがいると思ってるよ。

　と話します。
　子どもたちは真剣に話を聞いています。こんな感じでＡさん〜Ｇ
さんまで順番に出会ってもらいます。

● …………〈ともだち紹介〉で子どもたちと考えたいと思っていること

● 〈社会のなかでどんなふうにじぶんを表現して生きていきたいか
　ということ〉について考える場面

「あ、女の子や〜。」「絶対に男の子！」と言う子どもたちに、「な
んで女の子（男の子）と思う？」と聞くと、見た目、髪型や服装、
服の色など、理由を教えてくれます。「この人はこんな髪型、こん
な服が好きなんやって。みんなはじぶんの好きな髪型できてるか
な？　好きな色選んでる？」と、深めていきます。

● 〈じぶんの性をどうとらえているかということ・じぶんの思う
　性〉について考える場面

　子どもたちは、じぶんが「男の子」と思っていたともだちが「女
の子です。」と言うと、「おかしい。」「えー！」などの反応をします。

　最初は勝手に人の性を決めたり、はりきって「女の子！」「絶対
男の子やで〜。」と言っていたのが、ともだちに出会うなかで、「女
の子かな??」「男の子かもしれへんで。」と、子どもたちのことば
が変わっていくことがあります。

　その人が思う性がその人の性であって、誰かに決められるもので
はないということを考える場面になっています。

● 〈恋愛対象として誰のことを好きになるか。また好きにならな
　い、好きがわからないなどさまざまな好きのカタチ〉について考
　える場面

　また「お母さんとお母さんとぼくの３人家族です。」というとも
だちが出てくると、「なんでお母さんふたりなん？」などといった
質問が出てきます。

　子どもたち自身がじぶんの家族について話をしてくれたりしま
す。

　「好きがわかりません。」「わたしは女の子です。女の子が好きです。」
というともだちにも出会います。「いろんな家族のカタチ・いろん
な好きのカタチがあるよ」ということを知る場面になります。

　上に書いた３つのことは、子どもたちがホワイトボードに貼られ
たともだちと出会いながら考えることができるように、登場する順
番や内容を構成しています。

　ともだちと出会うなかで、今までじぶんが思っていた「あたりま

え」が「??」となったり、頭のなかがぐちゃぐちゃになったりしたらいいなぁと思っています。

●……………………………〈ともだち紹介〉で大事にしていること

〈ともだち紹介〉は子どもたちの反応を見ながら進めていきます。「えー?!」「なんで〜。」など、子どもたちの反応はいろいろです。

　隣のともだちとなにか話したり、ぽそっとつぶやいたり。そんな時は子どもたちのつぶやきやことばを拾って「どうしたん？」「なんか聞きたいことあるかな？」「なんでそう思ったん？」などとやり取りをします。

　子どもたちが思っていることを「知りたいよ。」と思いながらやり取りすることが大事だと思っています。そして講座中、子どもたちがどんな聞き方、どんな参加の仕方をしても OK だと思っています。

　下を向いて聞く子、パーカーをかぶったまま聞く子、椅子の上で三角座りして聞く子、廊下から顔をのぞかせて参加している子。

　その聞き方・参加の仕方には、いろんな理由があると思っているからです。

　また、子どもたちが言ったことに対して「それはダメ！」とか「それはおかしい！」といったようなことは言いません。

　それは、子どもたちにとってボクたち大人は権力を持った人だからです。権力を持った大人が子どもたちに言う内容や言い方は、とても力を持っていると思っています。なので、もし気になるなぁと思う発言や行動があった時は「なんでそう思う？」と問いかけること、また、「今のことばは、ボクはいやなキモチがするなぁ。」といったようにキモチを丁寧に伝えるようにしています。

　そして、ボクたちが知っている情報を丁寧に話します。

じぶんちゃんづくり

　4歳・5歳の子どもたちが対象です。

　絵本『じぶんをいきるためのるーる。』を読んだ後に、絵本に出てくる「じぶんちゃん」を作ります。いろんなポーズをしたじぶんちゃんの型（段ボールで作った最大縦17㎝×横17㎝ぐらいのもの）に、ペンで描いたり塗ったり、素材を貼ったりして〝世界でたったひとりのじぶんちゃん〟を作っていきます。

＊園に準備してもらうもの……ハサミ・ボンド・ぬれ雑巾（手についたボンドを拭くため）

＊にじいろ i-Ru で用意していくもの……じぶんちゃんの型・ペン・いろんな紙・糸・ひもなどの素材

●⋯⋯⋯⋯⋯⋯⋯⋯⋯⋯〈じぶんちゃんづくり〉で大事にしていること

〈じぶんちゃんづくり〉で一番大事にしていることは、子どもたちの「好き」を大事にするということです。そして、子どもたちが「こうしたい！」「こんなふうにやってみたい！」を大事に進めていきます。

　子どもたち自身が素材のなかからじぶんが使いたいもの・好きなものを選ぶこともそのひとつです。

　また、作っていく過程で、子どもたちが手伝ってほしいことだけいっしょにするようにしています。「そこどうしたいん？」「ここ持っとこうか？」「隣のともだちがこんなふうにやってたよ。」など、いっしょに考えながら進めていきます。

　大人の意識・感覚で一方的な声がけはしません。「かっこいいね。」「かわいいね。」などは言いません。大人の主観で評価をすると、子どもたちは、それを聞いて「こう作ることがいいことなんやなぁ。」と感じてしまい、あんなふうに作らないといけないと思ったり、作れなくなったりします。なので、子どもたちが作っているのを見て、「ここはなにを貼ってるん？」「なにを書いたん？」「これはなにもってるん？」など、作っているものに対して聞きたいことなどを話しながら進めていきます。

　子どもたちが「これはな、わたしがいちばんすきなカバンもってるねん！」など話してくれた時は「そうなんやぁ。お気に入りなんやなぁ！　いいね〜。」など、やり取りをします。

　子どもたちがどんなふうにじぶんちゃんを作り出すか、子ども同士どんなやり取りをするのか、臨機応変に子どもたちの姿を見て、子どもたちのキモチを大事にしながら進めていきます。

　最後にじぶんちゃんを飾る場所も、子どもたちがじぶんで「ここがいい！」という場所に飾ります。「わたしはここにいる！」「ここ

がいいねん！」とじぶんのキモチを大事にされていると感じる場面
にもなっています。

〈じぶんちゃんづくり〉がはじまって、ボクが子どもたちの様子を
見に行くと、Ａちゃんがじぶんちゃんの型を持って少し困った顔を
していました。

ボク　どうしたん？
Ａ　どうやったらいいかわからへん……。
ボク　作りたいけど、どうしたらいいかわからへんってこと？
Ａ　うん。
ボク　そっかぁ、ボクが手伝えることあったら手伝うで。どうした
らいい？
Ａ　う〜ん。

　と困った様子。
　Ａちゃんの隣でどんどん作っていたＢちゃん。
　Ｂちゃんが作っているじぶんちゃんを見ながら、ボクはＢちゃん
に聞きました。

ボク　Ｂちゃんはここになんで12って番号貼ってるん？（いろんな
素材のなかから、12という数字の描いた紙を見つけて、じぶんちゃんの体
に貼っていました。）
Ｂ　リレーでな、アンカーで12ばんにはしるねん！

　と、うれしそうに教えてくれました。
　それを聞いていたＡちゃん。

A 　5ばんはりたい。

ボク 　なんで5番なん？

A 　リレーで5ばんにはしるから。

ボク 　じゃあ5の数字が書いた紙、探そか？

　すると、隣で聞いていたBちゃんもいっしょに探してくれました。

　ボクは少しその場を離れて別のグループを見に行きました。

　そしてAちゃんのいるところに戻ると、また困った顔をしています。

ボク 　どうしたん？

A 　わからへん……。

ボク 　なにがわからへん？

A 　どうやったらいいかわからへん……。

　ボクもどうやっていっしょに考えたらいいか困っていた時、

B 　めはかかへんの？

A 　かきたいけどどうやってかいたらいいかわからへん……。

B 　どんなめかきたい？　じぶんでかく？　おれがかいたろか？

A　はなもかきたい……。
B　はなはどんなんがいい？　まるいはなか？　てんか？　じぶんでかくか？

　ふたりのやり取りを見てたCちゃんが、

C　このいとまるめてぼんどではっても、はなになるで〜。

と言いました。

A　てんがいい。
B　おれがかいていいん？
A　かいてほしい。
B　ええよ！

　そんなやり取りをしながら作っていました。

　最後に見せてもらったAちゃんのじぶんちゃんには、いろんな模様の紙が貼ってありました。Aちゃんの近くで見守っていた先生が、「服はじぶんで紙を選んで、貼ってました〜。」と教えてくれました。
「その時その時のじぶんのキモチを大事にしていいんやで。」
「じぶんのスキとともだちのスキは、同じこともあるけどちがうこともあるなぁ。」
　いろんな場面で感じてほしいなぁと思っています。

　〈じぶんちゃんづくり〉がはじまって、各テーブルを回ると、子どもたちはたくさんじぶんのことを教えてくれます。
　ある子はハングルで書いたじぶんの名前を教えてくれて「ボクの

なまえ○○やで。かんこくじんやねん。」と教えてくれました。

　それを聞いていた同じテーブルの子が「おれもかんこくじん！おれのなまえは○○!!」と教えてくれました。じぶんのこと知ってほしい！　そんなふうに思っている子どもたちのキモチを、いっぱい感じる時間です。

　最初の〈ともだち紹介〉で、いろんなともだちに出会った子どもたち。
　やり取りのなかで「したい髪型できてるかな？」「着たい服着てるかな？」「好きな色は？」、じぶんの好きを大事にしていいんやでーって話を子どもたちといっぱいします。
　そんなやり取りをした後に作るじぶんちゃんは、子どもたちそれぞれの「好き」がいっぱい詰まったじぶんちゃんができます。

できあがったいろんなじぶんちゃん

最後に、お互いのじぶんちゃんを見せ合いっこをします。お互いのじぶんちゃんを見ながら、じぶんが「好きなこと・大事にしてること・思ってること」を誰かに伝えることができたり、ともだちの「好きなこと・大事にしてること・思ってること」を知ることができたらいいなと思っています。

ボク自身のこと、コンちゃんとボクが出会った人たちの話

　小学生の子どもたちには、ボク自身のこと、コンちゃんとボクが出会った人たちの話をします。

- ボク自身が子どもたちと同じ小学生の時、出生時に割り当てられた性別で生きてきたこと、そしてその生活のなかで思っていたこと。
- 大人になって保育士として働くようになって出会ったコンちゃんに、はじめてじぶんがずーっと思ってきたじぶんの性について話せたこと。
- なぜ、コンちゃんに話すことができたのか。
- コンちゃんが保育所で、どんな子どもたちと出会って、どんなことを思ってきたか、どんなことを子どもたちとしてきたのか。
- 〈性のあり方〉について知ったこと。身体のカタチでその人の性は決まらない。その人がじぶんの性をどう思っているかがその人の大事なことだってこと。そして〈性のあり方〉は、みんな一人ひとりにある大事なことだということ。
- 子どもたち自身に、じぶんの性についてどう思うかを考えてもらう場面もあります。
- ボクとコンちゃんが、今まで出会ってきたいろんな人たちとの出会いのなかで、ボクたちが気づいたこと考えたこと。

〈ともだち紹介〉の時と大事にしていることの基本は同じです。

　子どもたちの反応を見ながら進めていくこと、子どもたちのつぶやきを拾ってやり取りをすること、どんな聞き方・参加の仕方でもOKだと思っています。

　最初に「ボクたちの話を聞きながら、じぶんについて、そして近くにいる誰かについて考えてね。」ということを伝えています。

　子どもたちが、今のじぶんや近くにいる誰かについて考えることができるように、ボクが子どものころ性についてどんなふうに思っていたか、じぶんについてともだちについて思っていたことを、具体的に丁寧に話すようにしています。話を聞く子どもたちの年齢によって、ボクの経験したことの内容や子どもたちに考えてもらうことなどは、少しずつ変えています。

　ボク自身のこと、コンちゃんとボクが出会った人たちの話を聞いている時の子どもたちは、いろんな反応をしてくれます。どんな反応でも否定はせずに「どうしたん？」「なんか聞きたいことある？」「なんでそう思ったんやろなぁ？」などやり取りをし、出てきた内容についてはみんなで考えながら、子どもたちといっしょに45分の講座を作っていきます。

　また、子どもたちから否定的なことばが出ることもあります。そんなことばも、ボクたち大人に返したいと思っています。ボクたち大人の「あたりまえ」や偏見は、ことばや行動を通して子どもたちに伝わっていることが多いです。子どもたちから出てくる否定的なことばに対しても、ボクたち大人の責任であると思いながら、丁寧にやり取りをしていきたいと思っています。

　講座をしている途中でキモチがしんどくなる子がいます。それは、性的なことで今までいやな経験をしてきた子だったり、じぶん自身

の性について悩んでいる子どもたちです。ほんとは聞きたいけど、みんなのことが気になって途中で聞けなくなってしまった子もいました。じぶんの家族の性のあり方のことで今悩んでいて、聞くのがしんどかったと教えてくれた子もいます。そんな場合は講座の後、その子とボクたちで直接話をしたり、先生とお話ししたりしています。

● ⋯⋯⋯⋯⋯⋯⋯⋯⋯⋯⋯⋯⋯⋯⋯⋯⋯⋯⋯⋯⋯⋯⋯⋯⋯⋯⋯⋯⋯⋯⋯ **エピソード**

　小学校2年生の講座でのことです。

　講座の最後みんなで絵本を見た後、ボクがこんな話をしました。「ボクやコンちゃん、先生たち大人は、みんなが好きなことや大事にしたいことを大事にできるそんなクラスや学校をいっしょにつくりたいと思っています。」

　言い終わった瞬間、ひとりの子が「そんなんできるはずないやん！」と言いました。その子の顔は真剣でした。ボクは思わず「がんばります！」とその子の顔を見て言いました。その子も、周りの子どもたちも真剣にボクたちの顔を見ていました。

「そんなんできるはずないやん！」と言ったその子は、講座の45分間、ずーっと小さなタオルを武器のように持って、なにかと戦っているようなポーズをして、小さな声で「プシューッ！　ダダダダダ!!」と銃声の音マネのようなことをしながら講座に参加している子でした。

　ボクは「この子はボクの話を聞いてるんかな？」と思いながらも、その子の様子を見守りつつ話をしていました。

　でも、ボクの話の途中で「ボクが、コンちゃんにじぶんのことを言うまでなんで誰にもこのことを言えなかったのか、理由をさっき言ったんやけど誰か覚えてるかな？」と子どもたちに質問した時、その子が一番にはりきって手を上げ「みんなに『おかしい』って言

われるかもしれへんって思ったから言えなかった。」と答えてくれました。

　この子はボクの話聞いてるんやなぁ……。子どもたちのいろんな参加の仕方・いろんな聞き方があるんやなぁと、あらためてボクのなかにある子どもたちへの見方を問われた瞬間でした。その子が「そんなんできるはずないやん！」と言った時、その子の心の底からの声を突きつけられた気がしました。

　講座の後、そのクラスの子どもたちはコンちゃんとボクのところにきて、じぶんの今好きなこと、はまっていること、大事にしたいことをいっぱい伝えてくれました。

　講座のなかで子どもたちは本当にいろんな姿を出してくれます。そしていろんなことを教えてくれます。なにも言わず黙って参加して、終わった後そーっとボクたちのところにきてじぶんの大事なことを伝えてくれる子どもたちもいます。

　６年間子どもたちと講座をしてきて、ドキドキするじぶん、真剣なじぶん、わからないなぁって思っているじぶん、いっしょに考えたいよと思っているじぶん、みんなのキモチを知りたいよって思っているじぶん、ボクのなかにいるいろんな「じぶん」を隠さず、子どもたちの前にいることが、子どもたち自身がじぶんのいろんなじぶんを出してくれることにつながっているように思います。

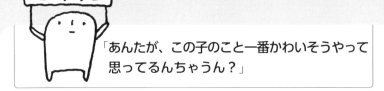

「あんたが、この子のこと一番かわいそうやって
思ってるんちゃうん？」

　ボクは20歳の時、保育士として就職します。ただ、その時も
じぶんの性のあり方について思っていること、思ってきたことを、
誰にも言えてなかったので、女性の保育士として就職します。
　人権を大切にする保育をしたいというキモチや思いはあるけれ
ど、なにからしていいのか？　なにをどうすることが子どもの人
権を大切にすることになるのか？　具体的なことはわからないま
ま、ただ毎日、保育所にくる子どもたちや保護者と出会うところ
からはじまりました。

　1年目に担任としてかかわったのは2歳児クラスの子どもたち
でした。
　そのクラスに、まったく目が見えないKがいました。後にKの
お母さんがKの生まれてきた時の話をしてくれたことがあって、
「Kは産まれてきたとき、顔半分に割れて生まれてきたんやで。」
と教えてくれました。
　ボクが出会った2歳のKは、その日までに何度も顔をくっつけ
る手術をしていました。目の玉がなく、目の位置が左右でちがっ
て、唇にも割れ目がありました。足の長さがちがって、高さをそ
ろえるための靴を履いていました。足の指の本数も形も左右でち
がいがありました。
　ある日の昼寝前の時間でした。他の先生が子どもたちを集めて
絵本を読んでいて、ボクは子どもたちと絵本を見る側に座ってい
ました。すると、Kが隣に座っていたEの足をつねっているのが
見えました。
　つねられているEは痛そうにしているけど、なにも言わず我慢

している様子でした。ボクは「Kは目が見えへんから絵本が面白くないんかなぁ……。」と勝手にそんなふうに思い、そのことに対してなにも言いませんでした。

　すると、Kの反対側に座っていたSがそれに気づき、「K！なんでEのあしつねるん？　そんなんしたらEがいたいやろ。」と言ったのです。そのことばを聞いたEは、大きな声で泣きました。

　SとKは、1歳児クラスの時からいっしょに生活していて、いっしょにあそぶことも多い関係でした。Eは2歳児クラスになって入所してきた子でした。

　SがKに言ったことで、Eは我慢していたじぶんの感情をはじめて出すことができたのです。その後、Sは「K、なんでつねったんや？」と続けてKに聞いていました。Kも一生懸命じぶんのキモチをSに言っていました。

　SがKにこんなふうに言えたのは、1歳児クラスの時から共に生活し、お互いにじぶんのキモチを言い合える関係を大事にしてきた保育があったからだと思います。

　ボクはSのことばを聞きながら、なんでボクはなにも言わなかったんやろ？　なにも言えなかったんやろう？　と考えていました。

　Kは1週間に一度訓練に行っていて、3人の担任は順番に訓練について行っていました。

　母の運転する車に乗って訓練に行くのですが、Kとボクが後部座席に乗っていると、カーブを曲がるたびに、小さな身体のKが、ポーンと飛ばされることがありました。

　ボクは思わず「K、抱っこしたろうか？」と言いました。すると運転席から「そんなんせんでええ！　あんた、一生この子といっしょにおれるんか？」という母の声が飛んできました。

そやなぁ……ボクは少し考えた後、「Ｋ、ここしっかり持っときや。」と言いました。

　こんなやり取りがＫの母と何度かあって、送り迎えの時、母といろいろ話をするようになりました。Ｋのこと、母のこと、子育てのこと、もっと聞きたいと思い、家庭訪問にもよく行きました。

　いろんな話をするなかで、ボク自身が被差別部落に生まれ育ったこと、ボクの母や父がどんな思いでボクを育ててくれたかという話をしたことがありました。その話を聞いたＫの母は、子育てに対する思い、Ｋへのキモチ、保育園に対する思いなどを少しずつ話してくれるようになりました。

　そして、保育園での子どもたちの関係についてボクが話をしている時、その話を聞いていたＫの母に、「あんたが、この子のこと一番かわいそうやって思ってるんちゃうん？」と言われたことがありました。

　ボクは、じぶんのなかにずーっとあったモヤモヤとしたキモチと向き合っていました。目の見えないＫになにかしてあげないといけない、どうしてあげたらいいんやろう？　そんなことばかり考えて、Ｋのこともっと知りたい、仲良くなりたいって思ってたかな？　ＫがＥの足をつねっている時も、勝手にＫのキモチをわかったつもりになってなにも言わず、我慢しているＥのキモチも考えてなかったこと、いろんなじぶんを思い返していました。

　Ｋと出会った時のボクは、Ｋのことをかわいそうな子だから、なにかしてあげないといけないと思っていたのではないか？

　目が見える周りの子どもたちと、目の見えないＫ。Ｋが生活・あそびのなかで困っていることがあれば、もちろんその困りごとに対していっしょに考え、変えていくことはしないといけないけれど、Ｋがなにに困っているかも知ろうとしていなかったのではないか？　そもそもＫは困っていたのか？　何かしてほしいと思っていたのか？

ボク自身が「この子はこんな子」、「この保護者はこんな保護者」と決めつけてないか？　ボクの思いだけで保育をしてないか？　子どもたちが今好きなこと、知りたいこと、思っていること、丁寧に見ることができているのか？　知ろうとしているか？　子どもたちが今出している姿、行動の背景にある生活や人との関係を丁寧に知ったうえで、子どもたちと過ごせているのか？

　そして、目が見えないことが理由で不利益を被ることがあったり、Kの大事な権利が奪われていることがあれば、そのことに気づき、「おかしいやん」と声を上げること・行動できるじぶんでいたい。そして、そんな子どもたち同士の関係をつくっていくことが大切だということに気づかせてくれた出会いでした。

第3章

子どもたちとの出会いのなかで
見えてきたこと

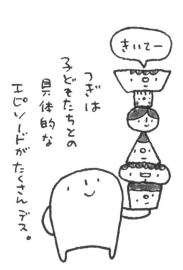

きいてー

つぎは
子どもたちとの
具体的な
エピソードが たくさん デス。

就学前 4歳・5歳

「もーわからん！ そのこにきいてみないと
わからへん。」5歳

　ある幼稚園でクラスにはいると、椅子に座って子どもたちが待っ
てくれていました。

「おはよう。待っててくれてありがとう。じゃあ、はじめようか。」

　講座をはじめようとしたその時、目の前の子どもたちが座りなが
らなにやら口をもごもご。どこからか音楽も聞こえていました。

「みんな、どうしたん？」と聞くと「○○幼稚園の歌！」と子ども
たち。

　話を聞くと、いつもはこの時間、園庭で朝の集会をしていること
がわかったのです。

　そこで慌てたのは先生たち。開いていた窓を急いで閉めて、子ど
もたちに外の音が聞こえないようにしたのです。

　ボクたちは「そうなんや。じゃあ、○○幼稚園の歌聞かせてくれ
る？」と子どもたちに言いました。すると、子どもたちはうれしそ
うに「やったー！」と言いました。そしてみんなで大合唱！

「楽しかったね。じゃあ、お話はじめよか。」と言うと、次は手足
を動かしています。

「次はどうしたん??」と聞くと、「たいそう！」「エビカニックス
やでー。」と子どもたち。

「みんなで体操する？」と聞くと「うん!!」とまたまたうれしそ
うな子どもたち。

　その場に立って、みんなでエビカニックスを踊りました。

　その日は、1日に3講座の予定で、いつものように朝の集会をし
ていたらスケジュール的に難しいということで配慮してくれた先生

たち。

　音が聞こえないように窓を閉めてくれると、子どもたちはより耳を澄ませ音を聞いてるようでした。子どもたちの「踊りたいなぁ。歌いたいなぁ。」ってキモチが伝わってきました。

　その後、いつもの講座にはいり〈ともだち紹介〉をはじめていきました。

　子どもたちは出てくるともだちのイラストを見て、「おんなのこやー。」「おとこのこ！」など口々に言っています。「なんでそう思う？」と聞くと、「みじかいかみがたやから！」「ほっぺがあかいからおんなのこ。」「あおいズボンはいてるから、おとこのこや〜。」髪型、服装、見た目で決めていることがわかります。

　〈ともだち紹介〉のCさんが出てきた時です。ほとんどの子どもが「おとこのこや！」と言いました。

　「なんで男の子やと思う？」と聞くと、「かみのけみじかい！」「サッカーみたいなふくきてるから〜。」と教えてくれました。

　「じゃあ、この人に聞いてみよう。」と、Cさんの自己紹介が書いてある吹き出しをホワイトボードに貼りました。

　「わたしはおんなのこです。おんなのこのことがすきです。」と読むと、「え──っ！」「おかしい〜」という子どもがいたり、首をかしげている子どももいます。

　「Cさんは、この髪型が好きで、この服が好きな女の子やねん。」と伝えると、子どもたちのなかから「へぇ〜。ぼくはちょっとながいかみがたがすき！」「わたしは、ズボンもすき〜。」という声が聞こえてきました。そこから、子どもたちと、好きな色や好きな髪型について、いろいろ話す時間になりました。

〈ともだち紹介〉の
ともだちCさん

〈ともだち紹介〉の
ともだちDさん

そして、４人目の〈ともだち紹介〉のＤさんが登場すると、今まではりきって「おんなのこ。」「おとこのこ。」と言っていた子どもたちのなかの何人かが、「もーわからん！　そのこにきいてみないとわからへん。」「コンちゃん、そのこにきいてみて〜。」と言いました。

「ほんまやねぇ。じゃあ、聞いてみようか。」と、進めていきました。

「人のことは見た目で勝手に決めたらあかんよ！」と大人が言葉で伝えることは簡単です。でも、子どもたちがいろんなともだちと出会って、〝じぶんではない誰かの思っていることや、大事にしたいことは、その人に聞いてみないとわからないこともある〟ということを体験して実感していく姿がそこにはありました。

そしてボクは、子どもたちの反応や、子どもたちとのやり取りを通して、「誰かの性を勝手に決める」ということや、「じぶんのあたりまえにあてはまらない人がいると〝おかしい〟と反応する」ことは、子どもたちの生活のなかで日常的にあることだということも感じました。

その後もいろんなともだちに出会い、じぶんの「好き」や、ともだちの「好き」について考え、〈じぶんちゃんづくり〉をしました。みんな世界でたったひとりの大事な「じぶん」だということを子どもたちに実感してほしいというねらいで講座を進めていきます。

もし、最初クラスにはいった時の子どもたちの「歌いたい！　踊りたい！」キモチを抑えて講座を進めていたら、その後、いくら「じぶんでいいよー」ってことを伝えたとしても、子どもたちには伝わらないのではないでしょうか。

〝目の前にいる子どもたちの姿から考える〟

　このことは、ボクたちが保育士として働いていた時に、いつも大事にしてきたことです。

　大人であるボクたちが、「子どもたちの人権を大切に」という思いを持ち、一生懸命考えた内容の保育、教育、取り組みをしたとしても、「目の前の子どもたちの出している姿」を置いといて進めてしまっては、子どもたちが「じぶんを大切にされている」とは感じられないと思うからです。

　出前講座は、子どもたちにとって特別なカリキュラムです。しかし、特別なカリキュラムや取り組みだけでなく、たとえば今回のような子どもたちの出している姿と丁寧に向き合うことなど、日常生活や日常の保育のなかにたくさん大事なことがあると思っています。

「だって、おとこのこがおとこのこを すきってきもちわるい。」5歳

　ある保育園での講座の〈ともだち紹介〉で、「ぼくは男の子です。男の子がすきです。」というともだちが出てくると「きっしょ〜。」と5歳のAが言いました。

　Aに「なにがキモチ悪い？」と聞くと、「だって、おとこのこがおとこのこをすきってきもちわるい。」と教えてくれました。続けて「男の子が男の子を好きってなにがキモチ悪い？」と聞くと、「ふつうはな、おとこのこはおんなのこをすきになるんやで、おれはおとこのこでおんなのこがすきやもん、だからきもちわるい。」と教えてくれました。

　「Aはじぶんのことを男の子って思っていて、女の子が好きっていう好きのカタチなんやなぁ。さっき出てきたあのおともだちは、じぶんのことを男の子って思っていて、男の子のことが好きっていう

好きのカタチなんやなぁ。Ａと、このともだちの好きのカタチはちがうんやなぁ。」

と伝えました。

子どもたちが出してくれるキモチに「なんでそう思う？」と聞きながら、丁寧にやり取りをしていきました。もし、Ａが言ったことに対して「そんなこと言ったら傷つく人がいるから言ったらあかんよ。」と言ったら、Ａは「このことは言ったらあかんことなんやぁ。」とは思うかもしれません。

でも、まず、じぶんの「あたりまえ」と、隣にいるともだちの「あたりまえ」は同じこともあるけれど、ちがうこともあること、そして、それぞれの「あたりまえ」は、どちらもおかしくないということと、否定できないものだということを、子どもたちと考えていきたいと思いました。

〝じぶんの「好きなこと」「大切なこと」大事にしたいね。それは、あなたが決めることで、誰かに決められることじゃないよ。そして、隣のともだちの「好きなこと」「大切なこと」も、同じように大事やね。その人の「好きなこと」「大切なこと」も、その人が決めることで、誰かに決められることじゃないね〟ってことを子どもたちと話しました。

この園ではこのことをきっかけに、講座に参加していた職員の方が「まず、保育士のなかにある意識を変えていかないといけない。性の多様性について深く知ったうえで保育をしていきたい。」と感じ、そこから職員の研修をはじめ、毎年、５歳児の子どもたち向けの講座に申し込んでくれています。子どもたちのなかから出てくるいろんなつぶやきをいっしょに聞いて考え、普段の保育に返してくれています。

日常会話や、漫画、テレビ、絵本などのなかで子どもたちは、「人

は恋愛するのがあたりまえ」「異性を好きになることがあたりまえ」という情報を刷り込まれ、同時に「同性を好きになる」ということに対しての否定的な情報も、いろんな場面で得ています。

　社会にあるそんな「あたりまえ」を刷り込まれていくなかで、恋愛対象として誰のことを好きになるか、また好きにならない、「好き」がわからないなど、じぶんの「好き」のカタチが多くの人の「あたりまえ」とちがう、と自覚した子どもたちは、自分自身の〈性のあり方〉を「おかしい」と否定してしまいます。

　また、多くの人の「あたりまえ」にあてはまっている子どもたちは、あてはまらないともだちのことを、「おかしい」と排除してい

く現実があります。

　性は人と切り離せないもので、生活のなかでも常に、関係してくるものです。年齢が小さければ小さいほど、身近な生活・あそび・人・環境のなかで、じぶんの「性のあり方」や、隣のともだちの「性のあり方」を大切だと感じることもできるし、否定的にとらえてしまうこともあるのではないかと思っています。

　「異性愛があたりまえ」という状況を変えるには、日常生活のなかで、いろんな「好きのカタチ」（人を好きにならないも含め）、いろんな「家族のカタチ」に出会うことができる環境をつくることが大事だと思っています。

　ボクたちは、その環境をつくるひとりになることができるのです。たとえば保育園・幼稚園では、生活再現あそびのなかなどで、あえて「お父さんとお父さんの家族の設定」であそぶところを子どもたちに見せることもできます。いろんな家族が登場する絵本を保育室・教室に置いたり、いろんな好きのカタチや家族のカタチを描いたポスターを貼ってみるのもいいですね。

「ちんちんあるおんなのこなんか　おらんやんなぁ??」5歳

　5歳児クラスの講座の〈ともだち紹介〉で、いろんなともだちに出会った後のことでした。

　ひとりの子がボクたちのほうを見て、「でも、ちんちんあるおんなのこなんかおらんやんなぁ??」と言いました。突然の質問でした。〈ともだち紹介〉を通していろんなともだちに出会うなかで、子どもたちはじぶんが今まで思っていた「あたりまえ」「ふつう」について考えています。たとえば子どもたちが、〈ともだち紹介〉で出てきたともだちのことを髪型、服装などを理由に「ぜったい、おとこのこや！」と言った後にそのともだちが「うちは女の子です。」

と自己紹介をしてくれると、子どもたちは「あれ??　なんで??」と思います。ボクたちは「このともだちは、こんな髪型が好きで、こんな服装が好きで、うちって話す女の人やで。」と説明します。何人かのともだちが出てきて、このやり取りを繰り返すなかでじぶんが思っていた「あたりまえ」「ふつう」が、誰かにとってはちがうこともあるんやなぁと感じていたのだと思います。

「ちんちんあるおんなのこなんかおらんやんなぁ？」という質問をしたその子は、じぶん以外の誰かについて、いろいろわからないこと、ちがうことがあることはわかったけれど、「身体のカタチ」「性器のカタチ」は決まってるよね！　というところにたどり着いたのでしょう。その子の質問に対して、ボクは「いるよ。知らんかった？」と答えました。そして続けて「ちんちんは『ペニス』って言うんやで。ペニスがある身体のカタチの女の子もいるよ。」と言いました。

　その後、小学生以上の講座で使う身体のカタチの絵を見せながら、「こんな身体のカタチの女の子もいるし、こんな身体のカタチの男の子もいるよ。いろんな身体のカタチの人がいるんやで。」と話しました。

　身体のカタチの絵を見て笑いが止まらない子ども、じーっと黙ってボクたちの話を聞いてる子ども、いろいろでした。

　ある４歳の講座では、３番目に出てきたともだちに出会った時、子どもたちが「ぜったいおとこのこ！」と言いました。そのともだちは「うちは女の子です。」と自己紹介してくれました。その時、ひとりの子が「ちんちんみえてる〜」と言いました。ボクが「どういうこと？」と聞くと、そのともだちを指さして「そのこ、ちんちんあるんやろ〜。」と言ったのです。ボクは「この人の身体のカタチは知らないからわからないなぁ。でも、身体のカタチは関係ないよ。この人が今自分のこと『女の子です』って教えてくれたやんなぁ。だからこの人は女の人なんやで。」と話しました。

子どもたち向けの講座をはじめて６年。

　４・５歳の子どもたちに「身体のカタチ」の話をしたのは、はじめてでした。

　小学生に上がる前の４・５歳の小さな子どもたちであっても、「身体のカタチ」「性器のカタチ」で「女の子」「男の子」が決まると思っているし、服を着ている人の「身体のカタチ」を勝手に想像し、勝手に決めているということが、子どもたちとのやり取りを通して見えてきます。

　ある幼稚園で〈じぶんちゃんづくり〉を終えた子どもたちが、はじめの〈ともだち紹介〉で出会ったともだちの前に集まって、いろいろ話をしていました。

　ボクが「どうしたん？」と聞くと、「このこ、こんなにかみのけみじかいし、おとこのこみたいやのに、なんでおんなのこなんかなぁって。いっぽさん、このこはおとこのこやな。」とＡは話してくれました。

　ボクは「でも、この人は、わたしは女の子ですって言うてるで。」とＡに言いました。

　そして「ところでＡは、じぶんのこと男の子と思ってる？　女の子と思ってる？　わからへんなぁって思ってる？」と聞くと、その子は「おんなのこやでー。」と言いました。

　Ａはじぶんの性別について聞かれることに対して「はぁ？」といった感じでした。もしかしたら今まで聞かれたことがなかったのかもしれません。

　続けてボクが、「Ａは、なんでじぶんのこと女の子って思うん？」と聞くと、腕組みをしてじーっと考えています。そして大きな声で「おんなのこっておもうからおんなのこやーん！」と言いました。

　「そっかぁ、なるほど。じゃあ、Ａがさっき男の子って言ったこの

おともだち（〈ともだち紹介〉で出てきた子）も、Aと同じで、じぶんのこと女の子って思ってるから、『わたしは女の子です。』って教えてくれたんちゃう？」とボクが言うと、Aはもう一度その子のイラストを見て、「うーん、このこはやっぱりおとこのこやとおもう。」と言いました。

　きっと、〈ともだち紹介〉で出会ったそのともだちが、Aにとっての〝こんな子が女の子〟という「あたりまえ」にあてはまらなかったのでしょう。

　その人が、じぶんの性についてどう思うかは、その人の大事なことで、誰かに勝手に決められるものではないということ、そしてそれはじぶんも、じぶん以外の誰かのことも、同じように大事にされるものであるということを、子どもたちが知ることができたらいいなと思っています。そのためにも、Aとしたこんなやり取りを、日常生活のなかで子どもたちとたくさんすることが大切だと思っています。

「いっぽさん、なまえかいて。」5歳

　できあがったじぶんちゃんを持って、「なまえかいて。」とひとりの子どもがきました。
「なんて書いたらいい？」とボクは聞きました。
「○○」とその子は答えてくれたのですが、なんて言ったのか聞き取れず、3回も聞き直してしまいました。
　その子のハサミに名前が書いてあったので、「この名前かな？」と聞くと、「ちがう。○○ってかいてほしい。」と、ゆっくりもう一度、名前を教えてくれました。やっと聞き取ることができ、「○○でいいかな？」と聞くと、「うん！」と答えてくれました。

ボクが「何回も聞いてごめんなぁ。」って言うと、「いいよ。」と言ってくれました。

　その後、その子は「みてー！　いっぽさんになまえかいてもらってん。」と言って、じぶんが作ったじぶんちゃんをうれしそうに担任の先生に見せていました。

　「あの子はどう思ったやろ？　いやな気持ちしてないかな？」ボクは、何度もその子に名前を言わせてしまったことに対して、悪かったなぁと思っていました。講座が終わって、園の先生たちと話をした時に、気になっていたそのことを話しました。

　すると先生たちが、「その子はいっぽさんに韓国名を言ったんやなぁ。きっと言いたかったんやわ。あの子のお母さんは、この日本で韓国名で生きることは、きっとしんどい思いをすることもあるやろうってことで、なるべく日本名で生活をさせようと思ってるねん。あの子はいろんな場面で、韓国名と日本名を使いわけて生きてる。そうさせてるのはわたしたち日本人やし、日本の社会やねんけどね。ハサミに書いてある名前は日本名で、いっぽさんに言ったのは韓国名。きっと、「じぶんでいいよー。」ってことが、あの子に伝わったんやね。だから、あの子はいっぽさんに韓国名を言ったんちゃうかな。」と話してくれました。

　ボクはその話を聞いて、あの子は、ボクが何回聞き返してもあきらめず、じぶんの書いてほしい名前を伝えてくれたんやなぁということと、ボクたちが大切にしている「じぶんでいいよー。」ってことが子どもたちに伝わっていることをとてもうれしく思いました。

　でも、それと同時に思ったことがあります。「じぶんでいいよー。」と伝えても、なかなか「じぶん」を大切にできない社会や環境があるということ。そして、園の先生も言っていたように、その子がふたつの名前を使いわけて生きないといけない状況をつくっているの

は、ボクたちだということ。そして、そのことを忘れてはいけないということです。

　この社会には、じぶんの身体の特徴・じぶんの生まれ育った場所・じぶんのルーツ・じぶんの性のあり方などを理由に、人を否定・排除する仕組みや構造があります。ボクはその社会をつくっているひとりとして、そんな否定・排除を許さないじぶんでいたいです。

小学生

「わたしは、男だけど女になりたいです。」1年生

　ボクは小さなころ、髪の毛を伸ばしていました。長い髪型で、母がよく髪の毛を結んでくれていました。でも、じぶんが伸ばしたくて伸ばしていたのか、じぶんがその髪型が好きでその髪型にしていたのかよく覚えていません。そんな経験から子どもたちの講座のなかでも、髪型のことでやり取りをする場面があります。

　この間、1年生の講座で、こんなやり取りがありました。
「みんなはじぶんの好きな髪型できてるかな？」
　できてる人、できてないなぁと思う人、順番に手を上げてもらいました。できてないなぁと思う人の時に手を上げた何人かの子が、その理由を教えてくれました。
　そのなかのひとり、Aがこんな話をしてくれました。「かみのけをきってもらっているあいだスマホをみててん。ちょっとまして（少し時間がたって）かおをあげてみたら、耳のへんまでみじかくなっててん。」ボクが「スマホを見んと髪の毛切ってるのを見とかなあかんかったなぁ。短いのはいややったん？」と聞くと、「うん。」とAはうなずきました。続けて「どのくらいの長さがよかったん？」

と聞くと、Aは周りのともだちを見まわして、「Bさんぐらいのながさがよかった。」と言いました。

　Bの髪の毛は、肩より下に10センチぐらい伸びていました。長い髪の毛でした。

「そっかぁ。教えてくれてありがとうね。」とボクは言いました。

　そして、送られてきた感想に、Aはこんなことを書いていました。

「わたしは、男だけど女になりたいです。いっぽくんはなんで男がいいの？」

　じぶんの好きな髪型の話の時、子どもたちはじぶんのキモチや、なぜ今の髪型がいやなのか、どうして好きな髪型ができないのか、理由を一生懸命伝えてくれます。

　できてない理由には、たとえばお金がない、病気、など、子どもたちのキモチではどうしようもないこともあります。また、その他の理由に、〝大人の都合〟もあります。

　ある4年生のクラスでは、「ぼくのかみの毛切るためのお金をな、お兄ちゃんが使ったからかみの毛切れへんかってん。だから今は好きなかみがたできてない。」と言った子がいました。

　ボクが「どういうこと？」と聞くと、「お兄ちゃんのけいたいがこわれてん。そのしゅうり代がないから、ボクのかみの毛切りに行くお金を使ってん。だから、お金がないねん。」と言いました。

「そっかぁ。お金なかったら髪の毛切りに行かれへんもんな。それも、じぶんのしたい髪型できひん（できない）理由やなぁ。」とボクはその子に話しました。周りの子どもたちも真剣にそのやり取りを聞いていました。

　子どもたちが答えてくれる内容は本当にさまざまです。そのなかで大人との関係や、家族のこと、生活のことを話す子どもたちもい

ます。

　どんな理由が出てきても、どんな答えが返ってきても、目の前の子どもたちのこと、目の前の子どもたちのキモチをないことにしない、いっしょに考えていく大人でありたいと思っています。

　「ボクたちは、子どもたちがみんなじぶんの好きな髪型にできたらいいなぁと思っているよ。たとえば、みんなの周りの大人の人が、『どんな髪型が好きなん？』って聞いてくれたり、『こんなんはどうかなぁ？』と、丁寧に聞いてくれたり、やり取りができたらいいなぁ。もし、今は髪の毛を切ることができない、その髪型にしてあげられない理由があったとしたら、その理由も丁寧に教えてくれたらいいね。」そんな話を子どもたちにしました。

「ちゃんとしてる、ちゃんとしてない。」2年生 「やっとふつうの子がでてきた！」1年生

　2年生の講座で、こんなやり取りがありました。
　〈ともだち紹介〉のなかで、4人目に出てきたともだちDさんが、
「わたしは女の子です。わたしは男の子のことが好きです。」と自己紹介をしてくれると、子どもたちのなかから「ちゃんとしてる～。」という声が聞こえてきました。ボクが「ちゃんとしてるってどういうこと？」と聞くと、ひとりの子が手を上げて答えてくれました。

〈ともだち紹介〉のともだちDさん

「いっぽさん、だってね、1人目のおともだちは、男の子やのにかみのけが長いし、お母さんとお母さんのかぞくやからちゃんとしてない。2人目のおともだちは、女の子やのに『ぼく』って話すからちゃんとしてない。3人目のおともだちは女の子やのに、

みじかいかみがたで男の子みたいなふくきてるし、女の子で女の子をすきやからちゃんとしてない。でも、このおともだちは女の子で『わたし』っていっていて、ワンピースきてるし、女の子で男の子のことがすきやからちゃんとしてる。」

　周りにいる子どもたちはこの発言を聞きながら、大きくうなずいていました。

　あまりにもすらすらと丁寧に説明してくれるこの子にボクは、「そっかぁ、そう思ったんやなぁ。教えてくれてありがとう。」と言いました。そして、子どもたちに問いかけました。「『ちゃんとしてる』とか『ちゃんとしてない』とかって誰が決めるんかな？」子どもたちは一生懸命考えていました。

「今、紹介しているともだちは、じぶんの好きな髪型をして、じぶんの着たい服を着て、じぶんの話したいことばで話している人やねん。みんなもじぶんが好きな髪型ができて、じぶんが着たい服を着れて、じぶんが話したいことばで話せてたらいいなぁと思ってるよ。そして、いろんな家族のカタチがあって、どんな家族のカタチも『おかしい』家族のカタチはひとつもないと、ボクは思ってるよ。いろんな家族のカタチのおともだちがこの教室にもいるんちゃうかなぁって思ってるよ。」と話しました。

　またちがう学校の１年生の講座のなかでも、「わたしは女の子です。男の子がすきです。」というともだちが出てきた時に「ふつうやな。」「やっとふつうの子がでてきた！」という声が子どもたちのなかから出てきました。「ふつう」ってなに？　「ふつう」って誰が決めるん？　といったやり取りをしていきました。

「この人のことを、なんで『ふつう』と思ったん？」という問いに、「わたしといっしょやから。」と言った子どもがいました。

「『わたしといっしょや〜。』『ぼくとはちがうなぁ。』でもいいんじゃ

ない？　なんで、『ふつう』ってことばで言うんやろうなぁ？」と問いかけます。子どもたちは、一生懸命考えています。

　そして講座が終わって、終わりのあいさつをするために、日直の子が教室の前に出てきてくれた時のことです。担任の先生がその子に向かって、「あんたふつうに歩きや。」と言いました。

　その子は、一番後ろの席に座っていて、カクカクとロボットのように手と足を動かしながら前にやってきたのです。その子は先生に言われても、その歩き方をやめることはしませんでした。

〈ともだち紹介〉でいろんなともだちと出会い、やり取りするなかで「ふつう」ってなんやろなぁ？　誰が決めるんかなぁ？　というやり取りをたくさんします。また、講座の後半ボクの話のなかで、生まれてきた時に割り当てられた性別で「女の子」として育てられてきたボクが、じぶんのことを「男の子」と思っていたことを言えなかった理由は、みんなとちがう「ふつう」じゃない、「おかしい」と思われるのが怖かったから言えなかった話をします。

　45分間、子どもたちは、じぶんたちのなかにある「ふつう」「あたりまえ」と一生懸命向き合っています。そのやり取りをいっしょに聞いていたその先生は、じぶんがその子に言ったことばがじぶんの「ふつう」をその子に、そして子どもたちに押しつけていることにはまったく気がついていないようでした。

　ボクたちの講座は、〈性の多様性〉を教えることが目的の講座ではありません。

〈性の多様性〉からじぶんについて、ともだちについて考える講座。そして「ふつう」「あたりまえ」ってなんだろう？　ということを子どもたちといっしょに考える講座にしたいと思っています。

　子どもたちは、毎日の生活のなかで「ふつう」であることを求められ、「ふつう」にあてはまる行動をとることがいいと思わされているのだと思うのです。そしてその「ふつう」は、権力を持ってい

る人の「ふつう」、多数派の「ふつう」だと思うのです。子どもにとって大人は権力を持っています。ボクたち大人の「ふつう」「あたりまえ」を子どもたちに押しつけるつもりなく、押しつけてしまっていないか？　講座に参加してくれている大人の人たちと、いっしょに考えたいと思っています。

> **「いっぽさんは、なぜじぶんのことを**
> **　男の子って思ったんですか？」2年生**
> **「男の子？って言われたらスッキリしなく、女の子？って**
> **　言われるとなっとくがいくからです。」4年生**

「いっぽさんは、なぜじぶんのことを男の子って思ったんですか？」
　2年生の講座で、こんな質問が出ました。

　ボクは「みんなはじぶんのことどう思ってる？　女の子？　男の子？　男の子、女の子どっちの感じもする？　わからない？　どうかなぁ？」と聞きました。

　すると何人かの子が、「女の子〜！」と教えてくれました。「なんでじぶんのこと女の子って思うん？」と聞きました。

　すると、「お母さんが女の子用のふくをかってくれるから女の子！」「お母さんが○○ちゃんってわたしのことよぶから女の子だと思います。」「お母さんがわたしのかみのけをくくってくれるから女の子です。」などと答えてくれました。

「じゃあ、お母さんが男の子用の服を買ってきたら、あなたは男の子？　お母さんが○○くんって呼んだら、あなたは男の子ってじぶんのこと思うんかなぁ？　お母さんがあなたの髪の毛をくくらず、短い髪型にしたら男の子なんかな？」と聞くと、はりきって理由を教えてくれたほとんどの子の首が横にかしげて少し困った顔になりました。

　そんななか、ひとりの子が「病院の先生が女の子って言ったから

女の子だと思います。」と言いました。すると、はじめにいろんな理由を言った子どもたちが拍手をしました。

「なるほど。じゃあ、ボクもさっきの質問に答えるね。ボクは、ボクが男の子って思うことに理由がないねんなぁ。なんでって聞かれても、答えられないねん。ボクのお母さんは、ボクに女の子用の服を買ってきてたよ。ボクのこと○○ちゃんって呼んでたし、ボクの髪の毛をくくってくれたよ。でも、ボクはボクのこと、男の子って思ってたよ。ボクが生まれてきた時、病院の先生は女の子って言ったけど、ボクは男の子やねんなぁ。みんなのこと、お母さんや病院の先生が決めるんかな？　ボクは、みんながじぶんのことをどう思うかを大事にできたらいいなぁって思ってるよ。」と話しました。

　ある1年生のクラスでも講座の後、「オレはな、ちからがつよいから男やで！　ぼうりょくもふるえるし〜。」とうれしそうに教えてくれた子がいました。その子に「そうなんやぁ。力強いんやなぁ。じゃあ、その力がふにゃふにゃ〜ってなくなってしまったら、あなたは女の子なん？」と聞くと、少し考えて「いや、男の子やで！」と言いました。「じゃあなんで男の子なん？」ともう一度聞くと「男って思ってるから男や！！」と教えてくれました。

　4年生の感想に、こんな感想がありました。

　今日は、いっぱいたいせつなお話をしてくれてありがとうございました。
　わたしは、自分が女の子だって思っているのは、自分が、わたしは女！！って思っているからです。なぜかは、まだハッキリわからないけど、これから、どんどん見つけていきたいし、男の子？って言われるとスッキリしなく、女の子？って言われる

> となっとくがいくからです。

　すべての子どもたちが幼いころから〈じぶんの思う性〉について丁寧に深く考えることが必要だと思います。「じぶん」について深く考えることは、その子自身が「じぶん」を大事に生きることにつながっていると思うし、隣のともだちの思っている「じぶん」についても考えるきっかけになると思うからです。

「ぼくみたいな人のことをおかまって言うと思います。」4年生

　ある4年生の講座でのことです。
　〈ともだち紹介〉のなかで、「わたしは女の子です。」というともだちが出てきた時にひとりの子が「おかまや〜。」と言って笑いました（子どもたちのなかには、〈ともだち紹介〉で出てきたともだちの性別が、じぶんの思った性別とちがった時に、「おかまや〜。」と言う子がいます）。
　そしてその子は、周りにいる子たちに「なぁ、あれおかまやなぁ！」と言って笑いを誘ったのです。すると周りの子たちも笑いながら、「おかまやー！」と言いはじめました。
　ボクは、「おかまってどういう意味？」と聞きました。すると子

どもたちははりきって手を上げ、答えてくれました。

「女の人と男の人の間の人のことをおかまって言うと思います。」

「男の人が、女の人みたいになってることを、おかまって言うと思います。」

　周りで聞いている子どもたちもうなずいたり、隣のともだちと、じぶんが思う意味を伝え合ったりしています。

　次に教えてくれた子は、「ぼくみたいな人のことをおかまって言うと思います。」と言いました。

　教室の空気が変わったのを感じました。続けてその子は、「ぼくな、家でスカートはいてるねん。お母さんが、『かみの毛もくくったろうか？』って言うんやけど、それはいいわってぼくは言うてん。その時、お母さんが、『あんたみたいな子をおかまって言うんやで。』って、教えてくれてん。」と言いました。

　その子の周りでいっしょに笑っていた子たちは、とても驚いたような顔でその子のことを見ていました。それはその子が、一番最初に「おかまや〜。」と言って笑い、ともだちに笑いを誘った子だったからです。

　ボクは「おかまっていう同じことばでも、それぞれどう思っているかはちがうんやなぁ。」と話しました。続けて「じゃあ、そのおかまってことばは、どこでどんなふうに知ったん？」と聞いてみました。

「テレビで知った！」「漫画のなかに出てきた〜。」「ユーチューブで知った。」「お母さんとお父さん、おじいちゃんも言うてたで。」などなど。

　こんな話をしてくれた子もいました。「あんな、この前コンビニ行った時に、女か男かわからん人がおって、お母さんに『あの人って女？　男？』って聞いたら、『なに言うてんの、あの人はおかま

やんかぁ！』って、大笑いしながら教えてくれたで。」

　ボクは、「そっかぁ、そんなふうにして知ったんやなぁ。テレビ作ってるのも、漫画描いてるのも、ユーチューブしてるのも、お母さんもお父さんもおじいちゃんも、大人やなぁ。ボクもコンちゃんも大人やんかぁ。今のみんなの話聞いてたら、ボクら大人が考えなあかんなぁって思うねん。おかまってことばは、人をバカにすることばとして使われることもあるねんで。大人が誰かのことを笑いながらおかまってことばを使ってるっていうのは、どうなんかなぁって。人に笑われていい人なんか、ボクはいないと思ってるねん。」と話しました。

　続けてこんな話もしました。
「ただ、大人だってまちがえることもあるし、知らないこともあるねんで。ボクも知らないこといっぱいあるで。でも、もしまちがえていたことに気がついたら、『まちがってた。ごめんね。』って伝える時もあるよ。子どもと子ども、子どもと大人が、じぶんの知ったことを伝え合える関係があったらいいなぁって、ボクは思ってるねん。」

　すると、ひとりの子が「でもテレビでマツコさんは、じぶんのこと『おかま』って言うてるやん。」と言いました。ボクは「そやなぁ。マツコさんがなんでじぶんのことを『おかま』って言っているかは、マツコさんに聞いてみないとわからないけど、じぶんがじぶんのことをなんて表現するかは、その人の大事なことやからそれでいいと思うねん。でも、そのことばを他の誰かが、その人に向けて使うのはちがうと思うよ。」と伝えました。

　講座をはじめて２、３年ぐらいの間は、どの学年のどのクラスに行ってもこんなやり取りがありました。

　ある５年生の子どもたちの講座でも、先ほどの４年生と同じようなやり取りになった時、「バカになんかしてない！」と言った子が

いました。その時ボクは、「そうなん？　でもみんなの笑い方見てたら、ボクには誰かのことをバカにしているように見えたよ。」と言いました。

　ある学校の３年生の子どもたちは、「そんなん知らんかった。笑ってもいい人たち、笑って使っていいことばと思ってた。」と話してくれました。

　１年生の講座でおかまということばが出てきた時も、同じような話をしました。するとその子たちは「かえって、お母さんにおしえてあげる！」と言っていました。

　それが、ここ数年は講座のなかでおかまということばは、あまり出てこなくなりました。

　大人が〈性のあり方〉について深く知る機会が増えたことで、子どもたちにもいろんな情報が与えられていることも要因かもしれません。

　ただ、おかまということばを使いながら誰かを笑ったり、否定したりすることが少なくなってきたからといって、子どもたちが〈性のあり方〉〈性の多様性〉について深く知っているということにはならないと思っています。

「ルールは総理大臣が決めるもんや！」３年生

　３年生の講座では、子どもたちとたくさんやり取りをしました。

　最初の〈ともだち紹介〉で「お母さんとお母さんと、ぼくの３人家族」のともだちや、「一人称が『ぼく』の女の子」など、いろんなともだちが出てくるたびに、子どもたちは「え──！」「どういうこと？」と大きな声で反応していました。

　「わたしのともだちにも『ぼく』って話す女の子もいるで！」と言っている子どもたちの声も聞こえてきます。

〈ともだち紹介〉の
ともだちCさん

「お母さんとお母さんと、ぼくの３人家族」って「お母さんがふたり？　どういうこと??」と聞いてきた子がいたので、「この子のお母さんに好きな女の人ができて、今は、この子と、この子のお母さんと、お母さんの大好きなその女の人と、３人で生活してるよ。だから、この子にはお母さんがふたりいるねん。いろんな家族のカタチがあるよー。」ってことを伝えました。

　〈ともだち紹介〉の３人目のともだちCさんは、「女の子です。女の子のことが好きです。」というともだち。

　すると、「あー親友ね。」と言った子がいたので、「親友としての好きじゃなくて、恋愛の好きを教えてくれてるよ。」と言うと、「恋人？」とつぶやいた子がいました。

「そうそう。じぶんのことを女の子って思ってて、女性の恋人がいる人もいるし、女性ふたりで家族として生活しているともだちもいるよ。」と伝えると、「そうなん?!　はじめて知った！」と驚いている子どもたちもいました。

　４人目に「わたしは女の子です。男の子が好きです。」というともだちが出てくると、「そりゃそうやろ！」「ふつうやな。」という声が聞こえてきました。

「この子のなにがふつうやと思った？」と聞くと、「女の子が男の子を、男の子が女の子を好きになるのがふつうやから、この子はふつうや。」と答えてくれました。

　そのやり取りを聞いていたひとりの子が、「でも、女の人で女の人が好きな人も、さっき出てきた……。」と言いました。

「そうやなぁ。いろんな好きのカタチがあるよって、さっき話したなぁ。『ふつう』ってなんやろうな？　『ふつう』って、誰が決める

んかな？」ってボクが言うと、ひとりの子が手を上げました。

「世界では、男の人が男の人と結婚できたり、女の人と女の人が結婚できるから、それがふつうかもしれないけど、日本ではそれはふつうじゃない。」と言いました。

「日本でも、今、じぶんが家族になりたい人と家族になる自由を！っていう話を、大人の人たちがしてるよ。好きのカタチがいろいろあって、じぶんが誰とどんなふうに生きていきたいかは、誰かに決められるものじゃないやんなぁ。そして、さっき世界では……って言ったけど、みんながいる世界、たとえばこの３年１組っていう世界は、ここにいるみんなのものやんなぁ。だからこの３年１組っていう世界をつくるのはみんななんやで。３年１組のなかにも、きっといろんな『好きのカタチ』の子がいるし、いろんな『家族のカタチ』の子がいると思うねん。『それってふつうじゃない?!　へんやなぁ。』って、否定するクラスにするのか、『そうなんやなぁ。わたしとはちがうんやなぁ。』って、そのことを大事にできるクラスにするのかは、みんな一人ひとりなんやで。」

　そんな話をしました。子どもたちの目は真剣でした。

　次の時間、隣のクラスの子どもたちとも同じような話になりました。

　すると子どもたちのなかから、「日本では女の人と男の人が結婚できるっていうルールになってる。」という意見が出ました。

「そのルールって誰が作るんかなぁ？」と聞くと、「ルールは総理大臣が決めるもんや！」と言った子がいました。

「総理大臣が決めたら、みんなはそれに従うん？」とボクが聞くと、子どもたちは黙って考えていました。

「じゃあ、このクラスのルールは誰が決める？」とボクが聞くと、「校長先生！」「担任の先生！」と、次々と教えてくれました。

「そうなんや。でも、このクラスは、校長先生のものでも、担任の先生のものでもなく、このクラスの子どもたちみんなのものやろ？みんながどんなクラスにしたいか考えてルールって作っていけるんちゃうかなぁって、ボクは思うよ。じぶんの大事にしたいことと、ともだちの大事にしたいことは同じこともあるけれど、ちがうこともあるやんかぁ。どっちも大事にできるクラスにするために、どんなルールがあったらいいかなぁとか考えてみるのもいいんちゃうかなぁ。」

　そんな話をしました。子どもたちの目はキラキラしていました。

　授業が終わると、ボクたちの周りに集まってきて、「じぶん」の話、「家族」の話、いろいろ伝えてくれました。

「じぶんのこと、じぶんたちのクラスのこと、学校のこと、誰かに決められるのではなく、じぶんで決める・じぶんたちで決めることができるよ。そのために、大人であるボクたちができることはいっしょに考えるよ。」ってことを伝えることができたらいいなぁと思っています。

　子どもたちにとって、〈性のあり方〉について考えること、〈性の多様性〉を知ることは、どんなじぶんを生きたいか、誰とどんなふうに、なにを大切に生きていきたいか、ということに深くかかわっているということを、子どもたちとのやり取りを通して実感しています。

> **「ぼくの好きな人のことが話せて、**
> **　うれしくて涙が出てきた。」4年生**
> **「やったぁ！　ぼく、男の子とけっこんしたい！」2年生**

　4年生の講座でのことでした。子どもたちはともだちと肩を組んだり、顔を見合わせながら話を聞いています。クラスの雰囲気から、

子どもたち同士がとても仲がいいんだろうなぁというのが伝わって
きます。普段どおりの子どもたちの姿が見えて、うれしいキモチで
講座が終わりました。

　そんななかで、やっぱりドキドキしながら参加していた子がいま
した。

　講座が終わって、「話しできる？」と声をかけてきたその子。「い
いよ。どうしたん？」と聞くと、その子は「ぼく、好きな子男の子
やねん。」と言いました。

　そのことばと同時に、涙があふれ出しました。

　その涙を見て、周りにともだちが集まってきました。

　その子は黙って泣いていました。ボクたちは、「教えてくれてあ
りがとうなぁ。」と、思わずその子を抱きしめていました。

　その子は、次のクラスの講座が終わった後、ボクたちのところに
きて、「感想書いたで！　読んでな。」と、すごくうれしそうな顔で
言いました。その時、いろいろ話をしました。

　最後に、「さっき涙が出てきたやんかぁ。なんで涙が出てきたか、
聞いてもいい？」と言うと、「いっぽさんとコンちゃんに、ぼくの
好きな人のことが話せて、うれしくて涙が出てきた。」と教えてく
れました。

　小学校２年生の講座がありました。

　はじめの〈ともだち紹介〉のなかで、いろんなともだちが順番に
出てくると、子どもたちは口々に「男の子！」「女の子！」と言い
ました。

　いつもどおり丁寧にやり取りをしながら進めていきました。
「ボクは、お母さんとお母さんと、ぼくの３人家族です。」という
ともだちが出てくると、ひとりの子が「お母さんとお母さんの家族？
なんでお母さんふたり？　お父さんは？」と言いました。続けて「お

母さんとお母さんはおかしい。」という意見が出ました。すると別の子が「おかしくないと思う。」と言いました。また別の子が「お父さんとお父さんのかぞくもいるー。」と言いました。

　その後、「わたしは女の子です。女の子のことが好きです。」「ぼくは男の子です。男の子が好きです。」と、いろんな好きのカタチが出てきて、子どもたちとたくさんのやり取りをしました。すると、最初のやり取りで「お母さんとお母さんはおかしい」という意見を言った子が、「男の人が男の人をすきでもいいし、女の人が女の人をすきでもいいけど、男の人と女の人がけっこんしたほうがいいと思う。」みんなの前で言いました。

　ボクは「そっかぁ。ボクは、みんながじぶんが、結婚したいなぁと思う人と結婚できたらいいなぁと思うよ。ひとりがいいなぁって人もいるやろしなぁ。」と、子どもたちに言いました。

　するとある子が「やったぁ！　ぼく、男の子とけっこんしたい！」と、すごくうれしそうな顔で、大きな声で言いました。

　今まで講座のなかで、「誰もが異性を好きになる」ということが「あたりまえ」と思っていて、それ以外の好きのカタチを否定・排除するような子どもたちの意見をたくさん聞いてきました。また、先に書いた４年生の子のように、講座が終わった後、じぶんの「好きのカタチ」について話してくれる子、感想のなかで書いてくる子もいました。

　でも、講座のなかで、ともだちの前で「ぼく、男の子とけっこんしたい！」と言った子ははじめてでした。

　小学２年生の子の好きが、恋愛の好きなのか、そうでないのかはボクにはわかりません。

　ただ、誰が誰を好きになってもいい、たとえば好きにならなくてもいい、好きのカタチもいろいろ、家族のカタチもいろいろ、とい

う事実を知ることは、年齢に関係なく、とても大事だということは
わかっています。そして「男の子とけっこんしたい！」と、今じぶ
んが思っていることをあたりまえに表現できる環境があることは、
とても大事なことだと思っています。

　子どもたちが今いる場所がそんな環境であってほしいと思うし、
そんな場所をいっしょにつくっていける大人でありたいと思ってい
ます。

　子どもたちといろんなやり取りをしていて思うのは、「誰もが異
性を好きになる」のが「あたりまえ」、「ふつう」で、それ以外は「お
かしい」と教えているのは、ボクたち大人であるということ。

　そして、それを変えていけるのもボクたち大人であるということ
です。

「オレ、３歳のときからトラブルメーカーって 言われてる！」3年生

　講座のなかで、コンちゃんが保育所で担任していたクラスの子ど
もたちの話をします。

「コンちゃんのクラスにはいろんな子がいたよ。たとえば、あなた
はおとなしいなぁってずーっと言われてきたから、〝おとなしい子〟
でいないといけないって思っていて、それがしんどいなぁって思っ
ている子。いつもあなたは悪いことする！って大人に決めつけられ
てきたある子は、『大人はどうせオレのこと信じてくれへん！』っ
て思いながら保育所にきてたこと。『あなたはおともだちに優しく
ていい子やね。』って、いつも言われてきて、『いつも優しくしてい
ないと〝いい子〟って言われないんかなぁ。』と思ってる子。いろ
んな子がいたよ。

　ここにいるみんなもそうやと思うねんけど、わたしのなかにもい
ろんなキモチがある、いろんな『じぶん』がいるねん。それと同じで、

その時担任していたあのクラスの子どもたち一人ひとりのなかにも
いろんなキモチがあって、どんなキモチの『じぶん』もいていいん
やでってこと、そして、『このクラスでは、そんないろんなじぶん
のキモチを出しても大丈夫やで。』ってことを伝えるために、こと
ばではなく、まず子どもたちのことを知るために一人ひとりの子ど
もたちの好きなあそびをいっしょにしたよ。『苦手なこと、いやな
ことも知りたいよ。』ってことを伝えるために、コンちゃんの苦手
なことを伝えたり。
　すると、その子どもたちは『コンちゃんは、ぼくたちのこと好き
なんかなぁ。わたしのこと大事にしてくれる人なんやなぁ。』って
思ってくれてん。そこからちょっとずつ、子どもたちはじぶんのい
ろんなキモチが出せるようになってきて、『ともだちにキモチを聞
いてもらえるのがうれしいなぁ。』って思えるようなクラスになっ
ていったよ。」

　３年生のあるクラスでは、その後ボクが、「コンちゃんのクラス
ではケンカになることもよくあって、ケンカが起こった時もコン
ちゃんはどっちの子どもたちの話も丁寧に聞く先生やったよ。」と
いう話をしました。
　その話から、ボクが「このクラスではケンカする？」と子どもた
ちに聞くと、Ａが「するで！」と大きな声で言いました。
「オレ、３歳のときからトラブルメーカーって言われてる！」と続
けて言いました。
　ボクが「トラブルメーカーってどういう意味なんやろな？　ケン
カになるとき、じぶんにもキモチがあって、相手にもキモチがあっ
て、キモチとキモチがぶつかったりしてケンカになったりするん
ちゃうかなぁ？　誰かだけが悪いって決められたらいややんなぁ。」
と言うと、その子はじーっとボクの目を見ながらこの話を聞いてい

ました。

　最後に『じぶんをいきるためのるーる。』を読んで、ボクたちに
お手紙を書いてね、という話をして講座を終えると、Ａはすぐにコン
ちゃんのところにやってきました。
「コンちゃん、この手紙書いたらどうやってコンちゃんと一歩さん
のところに届くん？」
　コンちゃんが「郵便屋さんがちゃんと届けてくれるよ。」と伝え
ると、Ａは「手紙書くから見てな！」と言いました。
　その後、Ａがボクのところにきて、「オレあの絵本めっちゃ好き
やわ！」と言ってくれました。
「ありがとう。そんなん言うてくれてめっちゃうれしいで。」とボ
クが言うと、「隣のクラスのが終わったらもう１回会いにきてな。」
とＡは言いました。
　そして隣のクラスの講座が終わってから廊下に出ると、Ａが「待っ
てたよ」という感じで廊下に出てきました。
「約束！」とＡは言います。
「なんの約束？」とボクたちが聞くと、
「これからもずっとともだちの約束や！」
　ボクは、「わかった！　約束な。」と指切りをしました。
　後から先生に話を聞くと、Ａは小さなころからずーっと周りの大
人から「トラブルメーカー」と言われてきたということでした。

「オレ、３歳のときからトラブルメーカーって言われてる！」と発
言したあの子の学校では子どもの講座の後、職員研修がありました。
　先生たちが講座の感想などをたくさん話をしてくれました。ボク
は「トラブルメーカーって言われてる。」と発言したＡと、講座の
後でやり取りした内容を話しました。すると、ある先生が言いまし

た。

「このふたりは通りすがりの人です。その通りすがりの人に、あの子らは、じぶんの話をしたんです。わたしたちにもできることがあります。明日から、どんなふうに子どもたちとの関係をつくっていくのか、考えていきましょう。」

　すごくうれしかったです。ボクたちは子どもたちにとって、まさに〝通りすがりの人〟だからです。

　子どもたちは、毎日いっしょに過ごすともだちや先生たちが、「じぶん」のことをどう見ているのか、ここは安心できる場所なのかどうか、アンテナを立てながら毎日園・所や学校にきていると思います。

　子どもたちとどんな話をするのか、どんな関係をつくるのか、どんなことを大事にするクラスにするのか、日々のかかわりがとても大事だと思っています。

「わたし、今日この子に出会えて　めっちゃうれしい。」6年生

　6年生の講座でのことです。

　最初の〈ともだち紹介〉のなかで、「この人は60代の女性で、大好きな女性と、家族として長い間いっしょに暮らしているよ。」と話をすると、Aが「これって架空の話？？」と聞いてきました。ボクが「どういうこと？」と聞くと、「ほんまにいるひと？」とAは聞きました。「そやで。なんでそんなふうに思ったん？」とボクが聞くと、Bが「みんなと常識がずれてるから。」と答えました。ボクは聞きました。「みんなって誰のこと？」するとBが「え？ここにいるクラスのみんな。なー！」と言ってクラスのみんなに投げかけました。そのやり取りを聞いて、Cが「それ、あんたの常識やろ！」とBの顔をじっと見ながら言いました。

Ｃが言った後、今まではりきって意見を言っていたＢは、少し困ったような顔をして座りました。周りの子どもたちも、このやり取りを一生懸命聞いていました。

　ことばに出して言ったのは何人かの子たちだけど、それぞれにいろんなことを考えながらこのやり取りを聞いていたんじゃないかなぁと思います。

　ボクが「このクラスには何人の子どもたちがいるんかな？」と聞くと、Ａが「30人！」と教えてくれました。「30人それぞれの常識・あたりまえがあるかもしれへんなぁ。じぶんが、常識・あたりまえと思っていることが、ともだちの常識・あたりまえではないこともあるかもしれへんで。今日の話をきっかけに、そんなことも考えてみて。そして、じぶんの常識・あたりまえと、ともだちの常識・あたりまえがちがった時、『そーなんや！』って尊重できるクラスにするために、じぶんになにができるのかも考えてみてほしいなぁ。」ボクはそんな話を子どもたちとしました。

　ボクたちが出前講座で出会った子どもたちのなかにも、お母さんと、お母さんの好きな女性と暮らしていること、お父さんがボクと同じように、〈出生時に割り当てられた性別〉とはちがう性別で生きている人であること、また、そんなじぶんのお父さんのことを否定的に思っていることなどを教えてくれた子がいます。

　異性愛が「あたりまえ」、身体のカタチでその人の性が決まることが「あたりまえ」と思っている子どもたちは、じぶんの親のこと、悩んでいることを誰にも言えなかったと話してくれました。

　じぶんの親の〈性のあり方〉を否定してしまうのは、周りに否定的な情報しかなく、性が多様であることを知らされていないからだと思います。

〈ともだち紹介〉の
　ともだちAさん

　さっきの子どもたちのやり取りのなかで出てきた、「常識とずれてるから！」なんてことばを聞けば、じぶんの親のことや、悩んでいることについて言えるはずがありません。

　でも、性が多様であることを知るなかで、なんにもおかしいことじゃないということに気づいたり、もっとじぶんの親のこと知りたいと伝えにきてくれた子どもたちもいます。

　講座が終わった後、「わたし、今日この子に出会えてめっちゃうれしい。」と話しにきてくれた子もいます。

　その子は、〈ともだち紹介〉に出てきた「お母さんとお母さんと、ぼくの3人家族です。」と話してくれたAさんと出会って、「わたしもお母さんと、お母さんの好きな女性と暮らしてるねん。じぶんだけじゃないんやぁと思えた。だからめっちゃうれしい！」と教えてくれました。

　子どもたちは、じぶんのなかにある「あたりまえ」と向き合いながら、45分間を過ごしています。

　子どもたちの表情を見ているとそのことが伝わってきます。

　だから、ボクたちも45分、真剣に丁寧に子どもたちと向き合います。

　子どもたちが生きている世界はとても狭い世界で、だから、出前講座のように園・所や学校が、誰かとなにかと出会う時間や環境をつくることも、とても大事だと思っています。

　ただ、子どもたちにとって毎日いっしょに過ごす人・環境の影響は、出前講座で出会うボクたちが与える影響よりも、もっと大きいです。

日常生活のなかで、授業の前に、授業のなかで、休憩時間に、子どもたちとどんな話をするのか、子どもたちからどんな話を聞けるのか、子どもたちといっしょになにを考えるのか、丁寧に考えてみたいですね。

「それあんたのふつうやろ！　言うとくけど、あんたのふつうとわたしのふつうもちがうからな。」6年生

　ある6年生の講座でのことです。
　〈ともだち紹介〉のなかで、「お母さんとお母さんの好きな女性の、3人家族」のともだちが出てきた時でした。ボクが「お母さんに好きな女性がいて……」と話した時に何人かの子どもが大笑いしました。
　ボクが「おもしろい？」と聞くと、「おもしろい。」と答えながら、まだ笑っていました。
　ボクが「なにがおもしろい？」と聞くと、その子たちは「え？」とボクの質問に不思議そうな顔をするので「ボクも笑うことあるで。でも、今の笑いはなんの笑いなんかなぁと思って。ボクは今の話、なにもおもしろいなぁと思わへんから。笑うには理由があるやんかぁ。」と言うと、笑っていたその子たちは、なにかバツが悪そうな顔をし、この人真剣になんか言うてるって感じで、ボクの顔をじーっと見ました。
　ボクは、「今から何人かのともだちが出てくるから、そのともだちにも会ってみて。」と言いました。
　そして、「わたしは女の子です、男の子が好きです。」というともだちが出てくると、最初に笑った子のなかのひとりが、「ふつうや！」と言いました。
　「なにがふつうやと思う？」と聞くと、「女の子が男の子、男の子が女の子を好きになるはふつうやろ！」と答えました。

「さっき、女の子で女の子が好きですって子も出てきたやんかぁ。」
とボクが言うと、その子は「異常や！」と大きな声で言いました。
「異常ってどういうこと？」と聞くと、「おかしいってこと。」と。
「『ふつう』ってなんやろなぁ？　『ふつう』って誰が決めるんやろな？」という問いかけをして、その後、数人のともだちに出会ってもらい、「ボク」にも出会ってもらいました。

　ボクの話のなかでは、ボク自身が「出生時に割り当てられた性別でその人の性は決まって、異性を好きになるのがあたりまえ。」と思っていたし、みんなも同じように思ってるんやろうなぁと思ってたこと、そしてその「あたりまえ」にあてはまらないボクは、「ふつうじゃない」「おかしい」と思っていたこと、周りからもそう思われると思っていたこと。そしてボクも周りのともだちのことを、じぶんの「あたりまえ」を基準に否定していたかもしれないという話をします。

　そしてそのクラスではこんな話もしました。
「ボクもみんなと同じ6年生の時、『お母さんと、お母さんが好きな女性の家族のともだち』に会ったことがないと思っててん。でもな、この間、ちがう小学校の6年生の子で、授業が終わった後、ボクたちのところにきて、『わたしな、あのともだちといっしょやねん。お母さんと、お母さんの好きな女の人といっしょに暮らしてるねん。』って話しにきてくれた子がいたよ。
　その子はこんなことも言っててん。『前のクラスのともだちに言ったら笑われたことがあるねん。だから、このクラスではこの子にだけ話してる。ほかの子には話したくないねん。』って。その子は、その時にいっしょに言いにきたそのともだちには、じぶんの家族のことを言うてるねん。

みんなは、どれくらいいろんな家族のともだちに出会えてるかな？　出会えてたらいいね。出会えてないとしたらなんでなんやろ？　ボクはその子の話を聞いて、ボクが6年生の時のあの教室にも、『お母さんとお母さんの家族』、『お父さんとお父さんの家族』、いろんな家族のカタチのともだちがいたかもしれんなぁって思ってん。」

　「こんな高校生にも会ったよ。『わたしはお母さんと妹と、3人家族なんです。小学生の時、休み明けにともだちとみんなで、〝休みの日に家族でどっか行った？〟って話になって、わたしが〝遊園地行ってきた。〟って話したら、ともだちに〝いいなぁ！　お父さんとお母さんといっしょに？〟って聞かれて、〝うん！〟って言ってしまって。そこから高校生の今まで、わたしはみんなにずっとうそをついてる。お父さんいないのにお父さんいてることにしてるんです。』って。ボクはその子に、『それってあなたが悪いんじゃないと思うよ。だって家族といえばお父さんとお母さんがあたりまえ、って思っている周りが変わらなあかんことやから。いろんな家族のカタチ、生活があるってこと、みんなが知れたらいいなぁ。』って、そんな話をしたよ。このクラスにもきっといろんな家族のカタチがあって、いろんな生活のカタチの子がいると思ってるよ。」

　前半の〈ともだち紹介〉の時、笑ったり、「異常」と言ったあの子たちの表情が、どんどん真剣になっていくのが伝わってきました。
　きっといろんなことを考えてるんやろなぁって顔になっていました。じぶんが真剣になっていることに気がついたその子たちは、「真剣になんかなってへんで！」といった感じで、冗談を言ってみたり、周りをきょろきょろ見たり。それでも、やっぱり聞きたくて前のめりになっている子どもたちの姿がそこにありました。

その後、絵本『じぶんをいきるためのるーる。』を読む時、最初に笑った3人の子どもたちは一番前にきて、絵本を食い入るように見ていました。

　他校の6年生の子どもたちとも同じようなやり取りになったことがあります。
「やっぱり、お母さんとお母さんはおかしい……ふつうはお母さんとお父さんやん。」そう言い続けていたひとりの子に対して、その子の隣でそれまでずっと黙って話を聞いていた子が言いました。
「それあんたのふつうやろ！　言うとくけど、あんたのふつうとわたしのふつうもちがうからな。」
　言われたその子は目を真ん丸にして、真剣にその子の話を聞いていました。

「異常」「おかしい」といったことばが出てきた時は、ドキッとします。
　そして、その子はその場で思ったことを発言したけれど、発言をしなかった子どもたちのなかにも、同じように思っている子がいたんだろうなぁと思います。
　この講座をするなかで子どもたちから出てくることばや意識は、いつもの学校生活のなかで出ていることばで、子どもたちが日常的に持っている意識だと思うのです。そんな意識やことばのなかで「傷つくなぁ。」「いややなぁ。」と思いながら生活している子どもたちがきっといます。
　だからこそ、子どもたちといっしょに考えたいと思っています。
　じぶんの意識や偏見と向き合い、じぶんはどうしたいのか、どうなりたいのか、誰とどんなふうに生きていくのか、子どもたちといっしょに、ぐるぐるぐるぐる、ずーっと考え続けること、これからも

大事にしていきたいなぁと思います。

ふつうって？誰がきめるん？

誰のふつう？

「今、なにかしてほしいことはないけど、
　ただ聞いてほしかった。」6年生

　4限目の講座が終わって、AとB、ふたりの子が、ボクたちのところにきました。

　Aはじぶんの性について思ってること、そのことを親に話してもわかってもらえないこと、Bにはその話ができてることなどを話してくれました。

　Bも隣でその子の話をいっしょに聞いていました。

　ふたりは6年生ではじめて同じクラスになり、じぶんの話をお互いにできるともだちで、Bは今日の講座中も、Aがどんなキモチで話を聞いてるかなぁと思いながら参加していたと教えてくれました。

「今、なにかしてほしいことはないけど、ただ聞いてほしかった。」とAは言いました。

　ボクらがAとBと話をしている部屋に、同じクラスのCがのぞきにきました。

C　Ａ給食当番やで。まだ話してる？

A　あっ……。

C　いいねんで。まだ話してても。

A　あっ、もう終わったから戻るわ。

　ちょうど話し終わったころだったので、３人で教室に帰っていきました。

　給食と掃除の時間が終わったころ、ＣがＡとＢといっしょに、やってきました。

「どうしたん？」と聞くと、「家族の話、聞いてほしくて。」とＣが言いました。

「そっかぁ。ここ座っていいよ。ＡとＢはどうしたん？」と聞くと、「給食の時にな、さっき呼びにきてくれてありがとうってＣに言ったら、Ｃが、『オレも話しにいきたいと思ってたから、ふたりのキモチわかるし』って言ってくれてん。だから、後でいっしょにコンちゃんと一歩さんとこ行こう！ってなって、いっしょにきてん。」とＡが教えてくれました。

　Ｃは、親が再婚して名前が変わったこと、その後、離婚したこと、それからの親たちのこと、いろいろ今思ってること、困っていることを話してくれました。

　最後にＣは、「別にどうこうしてほしいわけじゃないねん。でも、聞いてほしいなぁと思って。」と言いました。

　ボクが、「そっかぁ。そんな話、誰か聞いてくれる人、ほかにいるん？」と聞くと、「おるで。オレの後ろに座ってた子は、いつも聞いてくれるで。」とＣは言いました。

　ボクは、「そんなともだちおってええなぁ。」と伝えました。

　ＡとＢは、少し離れたところで黙ってＣの話を聞いていました。

小学校高学年の講座のなかでは、こんな話もします。
「ボク自身が過ごしたあのクラスにも、きっといろんな家族のカタチ、生活のカタチのともだちがいたんやろうなぁって思っているよ。ボクが自分自身のことを誰にも言えないと思っていたように、じぶんが悩んでいること、聞いてほしいなぁと思っていることを、ボクには言えないなぁ、言いたくないなぁって思っていたともだちもいたんじゃないかなぁって、今、大人になって思うねん。」
　子どもたちは、今じぶんの置かれている状況や生活が、なにかによって大きく変わるとは思っていないし、たとえば、親の離婚のことなど子どもたちではどうすることもできないということもわかりながら今を過ごしています。
　それでも、「こんなこと思ってるねん……。」って誰かに聞いてほしいと思っていて、誰かに聞いてもらいながら、折り合いをつけて生きている気がします。
　講座が終わった後、「じぶんの話をしたい。聞いてほしい。」「わたしはここにいるねん。」そんなことを思いながら、ボクたちのところにくる子どもたちが、ひとりではなく、ともだちときてくれる時、なんだかうれしいキモチになります。でも、なかには、ひとりで悩んでいる子、話をしにくることもできない子もいます。感想のなかに、何枚もその思いを書いてくる子もいます。

　今までボクは、「誰かと出会うこと」で、今までの「じぶん」を振り返ったり、今の「じぶん」を想ったり、これからの「じぶん」を想像したりしてきた気がします。
　そのことで、ちょっとキモチが楽になったり、ちょっとしんどくなったり。そんなことを繰り返しながら、今の「じぶん」がいます。
　子どもたちにとって、今日出会ったボクたちが、あの子たちが出会ってきた人、出会うかもしれない人たちのなかの「ひとり」にな

れたらいいなぁと思っています。

「ぼくは、女の子半分、男の子半分でいいんや！」6年生
「いっぽさん、わたしは女か男かどっちやと思う？」2年生

「ボクが小学生の時、ボクには恋愛対象として好きな子がいて、それと同じようにクラスのみんなも恋愛対象として好きな子がいる、それが『あたりまえ』と思っていた。だから、同じクラスのともだちに、じぶんが好きな恋愛ドラマや恋愛漫画を勧めてみたり、どんな人がタイプ？　と聞いたりしてた。でも、みんながさっき〈ともだち紹介〉のなかで出会ってくれたGさんのように、『好きがわからない、恋愛感情がない。』っていうともだちがボクの小学校の時のあのクラスにいたとしたら、その子はどんなキモチでボクの話を聞いてたかなぁ？　『恋愛の好きがわからないねん。』って、ボクには言えなかったともだちがいたんやろなぁって、今、大人になって思うねん。」

こんな話を、5、6年生の講座ではします。

すると終わった後や感想のなかで、「じぶんもずーっと恋愛ってなに？」「みんなは好きな人の話で盛り上がってるけど、わたしはわからないし、恋愛をしたいとも思わない。そんなじぶんは、おかしいと思ってた。」と伝えてくれる子もいます。

また、自分自身の性についてどう思うかを考える場面では、『『わたしは女30％、男70％って思ってるねん。』って教えてくれた5年生の子、『ぼくはぼくの性別を決めてません。だってわからないから。』って教えてくれた6年生の子にも出会ったよ。」という話をします。

6年生の講座の後、ひとりの子がやってきて「じ

〈ともだち紹介〉の
ともだちGさん

ぶんのこと話していいですか？」と言いました。その子は、「保育園の時くらいから、女と男、半分半分ってじぶんのこと思ってて、それを周りの子に言ったら保育園では、『そーなんやー！』って感じで言われてたんやけど、小学校１年生になったら、『それはおかしい！』って言われるようになった。『女の子にならないと！』って思いながらも、一人称だけは『ぼく』って言いたくて、今も『ぼく』って言ってる。でも、今日〝じぶんがじぶんのことをどう思うかもいろいろ〟って聞いて、『ぼくは女の子半分、男の子半分でいいんや！』って、すごくうれしかったんです。」と話してくれました。

　２年生の講座の後、やってきたひとりの子は、「いっぽさん、わたしは女か男かどっちやと思う？」と聞いてきました。
「今日出会ったあなたのこと、ボクはなにも知らないから、わからないなぁ。」と言うとその子は、「女の子、男の子どっちでもないと思ってる。」と教えてくれました。
　きっと講座のなかで、「今から心のなかで考えてみて。あなたはじぶんのことどう思ってるかな。女の子？　男の子？　どっちのキモチもする？　どっちでもないなぁ？　わからないなぁとか、いろんな子がここにいると思ってるよ。」という話をしたからだと思います。
　今まで園・所・学校は、性別は女か男、それが「あたりまえ」で動いてきました。
　でも、〈出生時に割り当てられた性別〉と〈じぶんが思う性〉がちがう子どもたちがいるということがわかり、園・所・学校は、少しずつ考えるようになってきました。ただ、「女ではなく男」「男ではなく女」という、やっぱり〝どちらかしかいない〟ことにはなっているように思います。
　だから、ボクらに話してくれたこの子たちのように、「どっちで

もある」「半分半分」「どっちでもない」のように思っている子は、なかなか学校のなかで表面化しにくいのではないかと思っています。

　女か男か。性別はハッキリふたつにわけられるものではないこと。その人がじぶんの性をどうとらえているかがその人の大事なことで、それはホントにいろいろ。それなのに、女か男か、どちらかに決めないとそこに存在できないような仕組みで動いている園・所・学校・社会があります。

　園・所・学校・社会が、今まで「あたりまえ」と思いやってきたことについて問い直し、〈性のあり方〉が多様であることを前提に、今までの「あたりまえ」を変えていくことが大事だと思っています。

中学生

「ぼくの性はふつうです。」

　講座をはじめて2年目ぐらいまでは、小学生と同じように中学生もクラスごとにしていました。

　教室でクラスごとにすると、子どもたちのつぶやきがよく聞こえていたので、やり取りもしながら進めていました。しかし、教室に入れない子が多く、体育館などの広い空間で、みんなで聞く環境で

あれば、後ろのほうで聞くことができる子どもたちがいることを先生たちから聞き、現在は、学年単位などで話す形で行っています。

　ある中学校のクラスで、〈ともだち紹介〉の時「わたしは女の子です。女の子が好きです。」というともだちが出てきた時、ひとりの子が、「あのひとはＬやな。」と言いました。ボクが「Ｌってなに？」と聞くと、「レズビアンです。」と教えてくれました。

「よく知ってるね。レズビアンってどういう意味？」と聞くと、「女性で女性を好きになる人のことです。」と教えてくれました。

　周りの子どもたちのなかには、その子とボクのやり取りを聞いてうなずいている子もいれば、隣の子と、なにかコソコソ話をしている子たちもいます。

「ことばの意味は合ってるね。でも、あの人は自己紹介のなかで、『わたしは女の子です。女の子が好きです。』って教えてくれたやんなぁ。その人がじぶんのことを表す『ことば』っていうのは、その人にとって大事なもので、誰かが勝手に『あの人はこれね』と言って、なにかのカテゴリーにあてはめたり、決めたりすることはできないとボクは思ってるねん。そしてここにいるみんなはどうかな？　どんな『ことば』でじぶんの『性』について話すかな？」

　そんな問いかけをしてみました。するとひとりの子が、「ぼくの性はふつうです。」とみんなの前で言いました。

「ふつうの性ってなんやろなぁ？　性っていうのは、100人いたら100通りの〈性のあり方〉があるっていうぐらい多様と言われているよ。ここに30人いたら、きっといろんな〈性のあり方〉の人がいるはず。いろんな〈性のあり方〉の人がいることが自然なことなんやで。今から、もっといろんなともだちが出てくるし、ボクたちが知った〈性のあり方〉についても話をするから、じぶんのことについて考えながら聞いてみて。」と言いました。

話のなかでは、ボクが、中学生の時、じぶんが本当に思っていることと真逆のことを言ったり、真逆の行動をして、みんなと笑いながら学校生活を送ってきた話をします。

　男の子にまちがえられた時、うれしいというキモチがあるのに、「なんでまちがえるん？　腹立つ！」と言ったり、女の子として中学校に通っていたボクが、恋愛対象として好きな子が女の子であることをみんなにばれないようにするために、わざわざじぶんからともだちに、『男の子のなかで誰が好き？』と聞いて、じぶんも恋愛対象として好きではない男の子の名前を言ったりした経験を話します。

「ボクは、みんなに『おかしい』って思われないように、そんなふうにしてきたけれど、きっとこのなかにもいろんなことを思いながら過ごしている子がいるやろなぁと思ってるよ。このクラスのなかにも、じぶんは本当はこんなこと言いたくないけど、みんなに合わせないとひとりになるかもしれないとか、本当は全然面白くないなぁと思っていることも、いっしょに笑っておかないと……と思っている子がいるんちゃうかなぁって思ってるよ。そしてボクの過ごしたあの教室にもそんなともだちがいたかもしれないと、今、大人になってそんなことも思ってるねん。」

　そして、このクラスではこんな話もしました。
「じぶんの〈性のあり方〉については、じぶんの言いたいタイミングで、じぶんが言いたい人に言えたらいいなぁと思ってるよ。誰かに無理やり言わされるものでもないし、誰かに勝手に決められるものでもない。誰もがじぶんの〈性のあり方〉を安心して話せる、そんなクラスやったらいいね。そのためにはじぶんにはなにができるか、そんなことも考えてみてほしいなぁと思ってるよ。」

LGBTということばを知った子どもたちは、そこにあてはまらないじぶんの性については「ふつう」と表し、LGBTにあてはまる人たちを特別だと思っていることが見えてきます。

　また、講演が終わった後、「今日はじめて知れたことがたくさんあって、めっちゃ楽しかった。もっと知りたい！」と話してくれた中学生たちと、いろんな話をするなかで、「世界にはいろんな人がいることを知りました。」と感想を言ってくれた子がいました。

　また、後日送られてくる感想のなかに、「いっぽさんたちのともだちのようなともだちにわたしも会ってみたいです！」と書いてきた子どももいました。

　2022年度の講座のなかではこんな話もしています。
「いろんな人たちに出会ったボクたちは気づいたことがあるねん。それは、コンちゃんもボクも、いろんな人たちのなかにいる大事なひとりやってこと。世界のどこか遠くにいろんな人がいるのではなくて、ボクが過ごしたあの教室に、ボクのすぐ近くにいろんな人がいたんやってこと。このクラスにもこの学校にもいろんな人がいるよね。身体のカタチもいろいろ。じぶんの性についてどう思うかということについても、いろんな人がいる。表現だっていろいろ。好きのカタチ、家族のカタチも、いろいろなはずやね。みんなのすぐ近くに、ここに、すでにいろんな人がいて、あなたもそのなかのひとりなんやで。みんなは、どれだけいろんな人に出会えてるかな？出会えてないとしたらなんでなんかな？」

「LGBTの子と出会った時、気をつけていることはありますか？」

　ある中学校での講演の後、数人の子がボクたちのところにやってきました。

ひとりの子が、「一歩さんはLGBTの子と出会った時、気をつけてることはありますか？」と質問してきました。

　「なんでそれを聞きたいん？」と聞くと、「じぶんは人のキモチを聞いて、助けてあげられるような人になりたいから。」と言いました。

　ボクが「LGBTの子どもって誰？」と聞くと、その子は「一歩さんの話のなかで出てきた、一歩さんと同じやねん！って話してくれた幼稚園の子とか……。」と言ったので、「あの話に出てきた子のこと？　ボクはLGBTの子とは言ってないよね。LGBTの子って、どんな子やと思う？」と聞くと、「うーん……。」と首をかしげました。

　「LGBTってことばは、とても大事なことばやとボクは思ってるねん。じぶんの恋愛対象であったりとか、じぶんの性をどう思っているとか、じぶんがどう生きたいかってことを大切にしたくても、周りから、『それはおかしい』って排除され、いないことにされてきた人たちがいるねんな。その人たちが『わたしはここにいる！』って声を上げて、奪われてきたじぶんたちの権利を取り戻そうとつながり、立ち上がった時にできたことばやと思うねん。だから、大事に使いたいなぁと思ってるねん。」と、そんな感じのことを話しました。

　その質問をした子も、ほかのことを聞きたくて集まってきた子たちも真剣に聞いていました。

　そんな話をした後、「気をつけていることっていうか、ボクは、どんな子どもたちと出会う時も、その子のことを勝手に決めない、決めつけないってことは大事にしてるよ。その子がじぶんのことをどう思っているのか、どんなふうに生きたいと思っているのか知りたいなぁと思いながら出会ってるよ。」と話を続けました。

　質問をしたその子は、きっと講演中も一生懸命ボクたちの話を聞いていて、「理解してあげたい」「考えてあげたい」という思いで質

問しにきたんだろうなぁと思います。

　同じ教室・学校のなかに「じぶんの性を生きる」という権利が守られている人と、守られていない人がいるということ、権利の不平等があるということに気づいてるかな。
　そして、じぶんは今どこにいるのか、どう行動するのか、どうやっていろんな人と共に生きていくのかを考えることはできているかな。
　そしてそれは「性」のことだけではないということ。たとえば、名前のこと・ことばのこと・ルーツのこと・生活のこと・身体の特徴のこと。じぶんにとってはなにも考えずあたりまえに守られている権利、その権利が守られていないともだちが、誰かがすぐそばにいるということに気づけているかな。
　ボクも中学生の時いろんなともだちがいたけれど、そこまで考えられていたかな？　と、その子たちと話しながら振り返っていました。
　このことは、どんなに小さな子どもたちにとっても大切なことで、あそびのなか・生活のなかで具体的に子どもたちと考える場面はたくさんあると思っています。日々の生活のなかのいろんな場面で考えることが大事だなぁと思っています。それは、ボク自身にも言えることです。

出前講座のさいご
絵本「じぶんをいきるためのるる。」を
1冊プレゼントしてるよー。

〝まるちゃん〟を通して 「じぶん」や「ともだち」について考える

　ボクが就職した保育所では、4月に子どもたちと出会った保育士はまず、子どもたちがどんなことを思っているのか、なにが好き？　なにがいや？　どんなともだち関係で過ごしているのか、どんな生活背景があるのか？　とにかく丁寧に、一人ひとりの子どもたちのことを知っていく。そして、まずは保育士と子どもたちが関係をつくっていく。子どもたちにとって安心できる存在であることをあそびや生活の場面で伝えていくことからはじめていました。

　クラスのなかにある子どもたちの関係、価値観を丁寧に見ていくこと、そして4月にある子どもたちの関係が、3月にどんな関係になることをめざすのかを考えて、あそびの内容や生活、取り組みを考えていきます。子どもたちの関係や価値観を揺さぶっていくひとつの方法として、各クラスで、キャラクターを設定していました。

　たとえば、ボクが6年目に担任していた2歳児クラスでは、4月に子どもたちとあそぶなかで、所庭にあるプランターをひっくり返してまる虫を見つけては、ともだちと笑い合ったりいっしょに楽しむ姿がありました。

　ボクたち保育士は、子どもたちみんながイメージできるまる虫を〝まるちゃん〟というキャラクターにして登場させていくことにしました。

　保育士が自分たちで着ぐるみを作って、〝まるちゃん〟に変身し、時々子どもたちに会いにいくのです。〝まるちゃん〟は子どもたちといっしょにあそんだり、時には子どもたちのなかにある価値観を揺さぶるために、子どもたちにいろいろな仕掛けをしたり、投げかけをしたりしていました。

ボクが担任していた2歳児クラスでは、「早くできることがいいこと」「みんながわかることばで話せることがふつう」。動きがゆっくりだったり、話すことばが周りの子どもたちにとって聞き取りにくい話し方の子に対して、「ちょっとへんな子」と思っている子が多く、あそびのなかでもそんな子どもたちとはかかわりたくない、またどうかかわったらいいかわからない、という姿もありました。

　4月に見えてきたそんな子どもたちの姿をどんなふうに変えていくのか、具体的にあそびや生活のなかで考えていきました。

　クラスのキャラクター〝まるちゃん〟は、ゆっくりの動きが特徴で、いわゆる「ことば」は話しません。〝まるちゃん〟といっしょにあそぶなかで〝まるちゃん〟のことを知りたいという思いから、〝まるちゃん〟が今、なにを思っているのか、なにを伝えたいのか、一生懸命じぶんたちで考えてわかろうとしていく子どもたちの姿がありました。

　〝まるちゃん〟のことが少しずつわかってうれしい子どもたちは、次会えることを楽しみに日々の生活を送っていました。〝まるちゃん〟といっしょにしたあそびや、〝まるちゃん〟から感じたことを、毎日の生活のなかでじぶんや同じクラスのすぐ隣にいるともだちと重ねて考えていく子どもたちの姿が見られるようになっていきました。〝まるちゃん〟というキャラクターとの出会い・経験は、子どもたちがじぶんのことやともだちのことを考える大事なツールになっていました。

　各クラスにキャラクターを設定し、そのキャラクターを通じて子どもたちにいろんな投げかけをするなかで、子どもたち自身がじぶんたちの生活やあそびのなかにある不平等なこと、不当なことに気がつき、「それおかしいなぁ。」と言い合える関係、そして「どうしたらいいんかな？」といっしょに考え、変えていける子ども同士の関係を目指して保育をしていました。

そしてこのことは、子どもたちがこの先の社会でもし不当なことに出会った時、「おかしい」と気がつき、考えていく力につながっているという思いでしていました。

　ただ、子どもたちの姿もいろいろ変化し、関係も変わっていきます。また、保育士の思いだけで取り組みが行われてしまうこともあります。今やっている保育や取り組みと、今の子どもたちの姿は合っているか？　子どもたちが今思っていることを、ちゃんと聞けているか？　毎日のように子どものこと、保育のこと、職員同士で話していました。

　多くの子どもたちが思う「ふつう」とちょっとちがうともだちに対して、また、身体の大きさ、特徴、見た目、動きなどを理由に誰かに対して「おかしい」と言ったり、あそびに誘わなかったり、避ける姿というのは、こんなにも小さなころからあるんだということ。そして、その多くは周りでかかわる大人の意識やことば、人への見方が関係しているということ。

　また、年齢が小さければ小さいほど、誰かを「おかしい」と否定・排除する意識を、いろんな取り組みを通して変えていくことができるということを実感していきました。

　その保育所では子どもにかかわる大人が「じぶん」について考えたり、誰かについて考えるという時間もたくさんありました。

　保育所での子どもたちの実際の様子や、保育所でボクたち保育士が日々の保育のなかで大切にしていることをお迎えの時間や家庭訪問・懇談会で保護者に伝えていました。

　また、保育所でよくしていたのが「職員劇」でした。各クラスの今の子どもたちの姿をもとに職員で台本を作って、お迎えの時間に子どもと保護者にいっしょに観てもらっていました。

　お迎えの時間はバラバラなので、１日の夕方に４回公演ぐらい

していたと思います。子どもと保護者が劇を通していろんな話ができたり、保育所がなにを大事に日々子どもたちと過ごしているのかを伝える大事な取り組みになっていました。また、職員と保護者が、具体的に子どもたちの話をするきっかけにもなっていたと思います。

　人権を大切にする保育との出会いや経験は、今している子どもたち向けの講座のなかで子どもたちとやり取りする時や、保護者の話を聴く時、大事にしていることとも深くつながっています。

第**4**章

小さな子どもたちと、
その保護者との出会い

「Aちゃんはおんなのこです。 ってみんなにちゃんというてほしい。」4歳

わたしは　おんなのこ！

　4歳のAに出会ったのはある園での出前講座でした。
〈ともだち紹介〉や〈じぶんちゃんづくり〉を通して〝じぶんの「好き」
を大事にしていいよ〟ということをいっぱい感じた子どもたち。ま
た子どもたちが講座を通して〝じぶんとともだちの好きなこと・大
事にしたいことは、同じこともあるけどちがうこともある〟という
ことを知り、その経験をその後の園の生活につなげていきたいと先
生たちは考えていました。

　Aは女の子、〈出生時に割り当てられた性別〉が男の子。Aの保
護者は、今のAのキモチを大事にしながらいっしょに過ごしていま
す。
　Aの園では5歳になったら幼稚園からお泊まり保育に行きます。
4歳のAは、お泊まりの時、みんなで入るお風呂について悩んでい
ました。そのことについて家でもお母さんとお父さんと相談してい
ると教えてくれました。
　じぶんの身体についているペニスについて、「なんでついてるん？
いややなぁ。」と思っているA。「みんなでいっしょにおふろにはい
るとき、じぶんのからだをみられるのがいややねん。でも、みんな
といっしょにおふろにはいりたい。」という話をしてくれました。
　「みんなといっしょにお風呂入れる方法考えよか？」とボクが言う

104

と、Ａが考えている方法を教えてくれました。体を洗っている時は股の間に挟むことや、湯船には色のついた入浴剤を入れてもらったらみんなには見えないかなぁ……とか。

　Ａの保護者はＡが家で話していることや、出しているキモチを園の先生に伝え、Ａと周りの子どもたちが、じぶんのキモチを大切にしながら生活できるようにいっしょに考えています。
　園には、Ａのキモチを大切に「Ａがどうしたいか？」「なにかできることあるかな？」といっしょに考えてくれる先生、「Ａのことが知りたいよ。」と思っている先生たちがいます。
　園で働いている多くの先生たちは、〈性のあり方〉〈性の多様性〉について深く知るまでは、〈出生時に割り当てられた性別〉がその子の性、それが「あたりまえ」だと思っていました。でも、Ａと出会い、研修で〈性のあり方〉〈性の多様性〉について知り、じぶんたちのなかにある「あたりまえ」と向き合い、今、目の前にいる子どもたちの思っていること、したい表現、好きなもの・ことを大切にしようとしています。

　Ａは幼稚園で周りの子から「おとこのこやろー?!」と言われることもあり、お迎えの時には周りの子がＡのお母さんのところにきて、「なぁ、Ａはおとこのこやんなぁ?!」と聞いてきたりするそうです。そんな話を聞いたボクは、「幼稚園の先生たちになにかしてほしいことある？」とＡにたずねたことがありました。すると「Ａちゃんはおんなのこです。って、みんなにちゃんといってほしい。」とＡは言いました。

　〝出生時に割り当てられた性別でその人の性は決まらない〟ということ、〝その人の性はその人のものであって、誰かに勝手に決めら

れるものではない〟ということについては、すべての子どもが知る
必要があると思っています。

　ただ、その子自身のセクシュアリティを大人が勝手に他の子ども
たちに説明する必要はない、いや、勝手に説明してはいけません。
その子がじぶんのことを〝こうである〟と言っている、そのままを
大事にすること。なので、たとえば「Ａはおとこのこやのに〜。」
と言っている子に対しては「Ａは女の子やで。」だけでいいんです
よね。

　子どもたちが性器のカタチについて言ったとしたら「性器のカタ
チでは決まらないんやで。その子がじぶんのこと女の子って思って
るって言ったらその子は女の子なんやで。」と話ができたらいいなぁ
と思います。

　また、園の先生と保護者が安心していろんなことを話せる関係が
基盤にあることはとても大切です。子どもにかかわる大人同士が
いっしょに悩み考えることは、子どもたち一人ひとりがじぶんの〝こ
うありたい〟を出してもいいと思える環境づくりにつながっている
からです。

　子どもたちは「じぶん」が何者であるか、どんな「じぶん」であ
りたいか、揺れながら、迷いながら、まちがいながら大きくなって
いきます。子どもたちの側から言えば「今は、そう思ってるんや
なぁ。」と寄り添ってくれる大人が周りにいることが、揺れることも、
迷うことも、まちがえることもでき、その時その時の「じぶん」を
大事にできることにつながっていると思っています。

　あなたは、一人ひとりの子どもの〝こうありたいじぶん〟を尊重
しながら、いっしょに考え、いっしょに悩み、いっしょに楽しむこ
とができていますか？

「だれもぼくのことおんなのこって いわなかったんだよ。」3歳

　Bは3歳7カ月ごろ「どうしておんなのこなの？」というような発言をするようになり「Bちゃんじゃなくて、Bくんってよんでほしい。」一人称も「ぼく」と言うようになりました。

　もともと物心ついた頃から一切プリンセスや女の子のものに関心がなく、クルマなどに興味があり、人それぞれ好みはあるしそういうものだろうと思っていました。

　年少組になり、持ち物も男の子のものを欲しがり、女の子のものを極端に嫌うようになりました。4歳になる頃には「おとこのこの名前ってどんなの？」「これっておとこのこのもの？　おんなのこのもの？」と性別を意識するようなことを言うようになったり、「ママ、ぼくはおとこのこだよね？」と言い、「女の子だよ。」と答えると、激しく泣いて否定するようになりました。

　一過性のものだろうと思いたいのもあり、それからは本人の好きなものを選ばせ、家では男の子として認めるようにしてきました。

　しかし、幼稚園の進級式で、男女でわけられる場面で男の子のほうに並び、女の子のほうに並ぶよう促されると「ぼくはおとこのこなのに！」と号泣し、これはもうごまかして過ごすわけにはいかないなと感じました。

　幸いにも幼稚園に相談した際は、理解ある対応をしていただき、極力意味のない男女分けもなくし、本人の好きなほうを選ばせてく

れ、ズボン着用も認めてくれるなど、できる限りの対応をしていただいており、本人も以前より通いやすくなっている印象を受けます。

　5歳になり、周りの子から「Bちゃんはおんなのこだよ。」と言われたり、持ち物について突っ込まれることがあり、本人も「ぼくはおとこのこだっていっても、しんじてもらえない。」などとこぼすようになりました。

　これは、Bのお母さんから最初に送られてきたメールの内容です。別のメールにはこんなことも書いてありました。

　　　いつも幼稚園でおともだちに「ぼくはおとこのこだよ！」って言ってるみたいですが、信じてもらえないんだよとしょんぼりしていました。どうしてあげたらいいんでしょうか。

　そのメールにボクは、「『Bくんが男の子って思ってるんやからBくんは男の子やで。なんでみんなは信じてくれないんやろうなぁ。いややなぁ。』ってBと話すかなぁ。」と返信しました。

　そんなやり取りを何度かして、土肥いつきさん（コラム⑤に登場します）が世話人をしている「トランスジェンダー生徒交流会」にいっしょに参加することになりました。

　ボクは駅でBとはじめて会った時「なんて呼んだらいいかなぁ？」と聞きました。Bは少し考えて「Bくんってよんでほしい。」と教えてくれました。
　その後は会場で、同じような年齢の子どもたちと自己紹介をし合ったり、お昼ご飯をいっしょにつくったり、あそんだりして過ごしました。次の日、お母さんからこんなメールがきました。

Bが本当に心から楽しそうにしており「めっちゃたのしかったし、めっちゃめっちゃいってよかった。またいきたい！　だれもぼくのことおんなのこっていわなかったんだよ〜。」と興奮しながら語ってくれました。

　キモチをわかってくれる人がいる、居場所があると子どもも理解しているようで、親子ともども本当によかったね、と帰路で話しました。

　とくに小さな子どもたち同士は、お互いの〈性のあり方〉について深く話したりはしていません。ただ、その場にきていっしょにあそんでご飯をつくるだけです。でも、子どもたちにとって「じぶん」でいられる場所で、安心できる場所になっています。夏にはキャンプにも行きます。いろんな〈性のあり方〉の人が参加しているこのキャンプ。海であそんで、シャワーして、みんなで泊まって、もちろん着替えもあります。誰もなにも困らず楽しい2日間を過ごします。

　ここに集まる小さな子どもたちは、園や学校で、「なんでおちんちんあるのに女の子なん？　おかしい〜」「男なん??　女やろー！」「男なん？　女なん？　どっちなん??」など、周りのともだちから聞かれたり言われたりして、そのことがしんどいなぁと感じながらもがんばっています。

　でも、この会ではそんないやなことはありません。

　トランスジェンダー生徒交流会は「その子の〈性のあり方〉はその子の大事なもので、勝手に誰かには決められない。」を前提に開いている会なので、きっと子どもたちは安心し、「じぶん」でいることができるのだと思います。

年間５回開催されるこの会にきて仲間と出会い、〝ひとりじゃない〟と思えた子どもたちは、元気をもらってそれぞれの場所に戻っていきます。

　ボクが今のボクを生きることができているのは、トランスジェンダーとして生きてきた人たちの歴史があり、ロールモデルになる人との出会いがあるからです。

　この小さな子どもたちにとっても、トランスジェンダー生徒交流会に集まってくるじぶんより年齢が上の人たちは、きっとロールモデルのひとりとなるのでしょう。

　また、小さな子どもたちはお家の人といっしょに参加します。ご飯をつくりながら、食べながら、洗い物をしながら、お互いの子どものこと、園のこと、学校のこと、じぶんのこと、大人同士も交流しています。保護者にとっても〝ひとりじゃない〟と思える場所になっています。

「みて〜！　おかあさんがまちがえて　リボンつけてん。」３歳

ひとりじゃないよー

「２歳になる前ごろからわが子の性について違和感を感じていた。」と連絡をくれた保護者の方がいました。会ってお話をした時、わが子のことを丁寧に話してくれました。

　Ｃが３歳の時、「おかあさん、パンツにリボンつけてほしい

〜。」と言うので、「いいよ。」といわゆる男の子用のパンツに
リボンをつけてあげました。

　リボンのついたパンツを履いて幼稚園に行った C は、うれ
しくてともだちに見せたらしいんです。その時 C は「みて〜！
おかあさんがまちがえてリボンつけてん。」と言ったみたいな
んです。すると、ともだちに「きもちわるい〜！」と言われた
という話を、その日の夜、ベッドに入って寝る時に C から聞
きました。

　また、おじいちゃんおばあちゃんと外食に行って、おまけの
おもちゃをもらう時、「女の子用」「男の子用」があって、C は
「男の子用」のなかからおもちゃを選んだんです。

　でも、その姿を見た私たちは、C は本当はちがうおもちゃを
選びたいのに、おばあちゃんおじいちゃんの前だから「男の子
用」のなかから選んだのでは……と思ったので、後日同じ店に
家族だけ行ってみました。すると、その時 C は迷いなく「女
の子用」のなかからじぶんの好きなカチューシャを選んだんで
す。

　C のことで気になることがあったので、いろいろ調べてカウ
ンセリングを受けることにしました。

　はじめて会うその先生に「好きな色は何色かな？」と聞かれ
ると、C は「くろ」と答えたんです。わたしは、帰りの車のな
かで「ねぇ、C の好きな色は『ピンク』やんねぇ。さっきなん
であんなこと言ったの？」と聞きました。

　すると「おかあさん、だってそんなこといったらあのせんせ
いはぼくのことおかしいっておもうでしょ。」って言ったんで
す。

人に「おかしい」と思われないようにじぶんのキモチにうそをつ

いているＣを見ていて、とてもつらいと教えてくれました。

　お母さんは、Ｃにじぶんのキモチを大事にさせてあげたいというキモチもあるけれど、なかなか理屈と感情の差が埋めきれない日々を過ごしていますとも話していました。

　ボクたちは話を聞いて、小さなＣが、じぶんが「おかしい」と思われるかもしれないと思う場所、思われる人の前では〝じぶんの好きをないことにしてしまえること〟に驚くと同時に、ボク自身がそうであったことも重ね合わせながら話を聞いていました。

　話を聞いた後、ボクたちが出会ってきた子どもたちのことや〈性のあり方〉についてなどお母さんと話をしました。そして絵本『じぶんをいきるためのるーる。』をＣにプレゼントしたいと渡しました。

　お母さんはその場で絵本を読みはじめました。
「るーる１　じぶんがきたいふくをきる。」という最初のページを読んだ瞬間に、絵本を閉じて目に涙を浮かべながら言いました。

　　いっぽさん、この絵本あの子に読んだら絶対スカート履きたい！って言います。わたしあの子にスカート履かせてあげられない……あの子を男の子として育ててきました。じぶんのことを大事にしてほしい、なるべくあの子の好きなことさせてあげたい〝じぶん、まる！〟って思ってほしい……そう思っているけどスカートは履かせてあげられないわたしがいるんです。

　その話を聞いたボクは、
「そうなんやね。絵本は今すぐ読まなくてもいいよ。いつかＣに読んであげたいなぁと思った時に読んであげて。もし、あの子がス

112

カート履きたいって言って、お母さんが今はそれはできないなぁと思った時は、丁寧に話してあげたらいいと思うよ。」

　そんな話をしました。

　Cが小学生になり〝じぶんの好き〟や〝じぶんのキモチ〟を出せる場所、出せる人の前では、そのことを大事にできるようになっていて、お母さんもお父さんもCの今のキモチを大事にしています。

　小学校のともだちが家にあそびにきた時も、キュロットスカートを履こうとしたので、お母さんが「それ履くの？」と聞くと、「Dちゃんはだいじょうぶやからこれはく～。」と言ってキュロットスカートを履き、Dちゃんと楽しい時間を過ごしていたとお母さんが教えてくれました。

　2年後のある日、寝る前にお母さんが撮った動画をボクに送ってくれました。そこには、Cがうれしそうに絵本『じぶんをいきるためのるーる。』を読んでいる様子が映っていました。

　保護者も、〈出生時に割り当てられた性別〉がその子の性だと思い、その子を育てていく人がほとんどです。そんななかで〈出生時に割り当てられた性別〉と〈じぶんの思う性〉はちがう、とわが子から伝えられた時、どうしていいかわからなくなったり、悩んだりするのは当然だと思っています。

　わが子を周りの偏見から守りたいという思い、また自分自身のなかにある偏った情報によって、子どもの〝好き〟を大事にしたくても大事にできない保護者が、大人がいます。

　保護者の方とメールでやり取りをしたり、会って話を聞くと、「わたしこそがこの子のことをわかってあげないと！」と思うキモチと「やっぱりわからない、わかってあげられない。」といったキモチの葛藤や、わからないことへの不安が大きくあると感じます。

そんな葛藤や不安を、誰かに聞いてもらいたい、誰かと話したいと思っている保護者にとって園・所・学校の先生は、身近にいる〝相談したいと思える人のひとり〟なのではないでしょうか。

「いっぽさん、おとこ？」5歳

ホンマのことは
じぶんの中にある！

　ブランコに乗りながら小さなあの子は少し不安そうにボクに聞いてきました。今までの話となんのつながりもないなかで、ふいにされた質問でした。

　その質問をしたEは男の子、〈出生時に割り当てられた性別〉が女の子です。

　ボクが「そやでー。男やで。Eは？」と言ったら下を向いて黙りました。「男の子？　女の子？　わからんなぁーとか？」と聞くと、小さな声で「おとこのこ。」と答えてくれました。ボクは「そんなん誰かに聞かれるん？」と続けて聞くと、Eは「ともだちとかにきかれる。」と教えてくれました。「そんなんなんで聞くんやろな。Eはともだちに聞く？」とたずねると首を横に振りました。

　ボクはEに言いました。「Eが男の子って思ったら、Eは男の子なんやで。」

　すると、Eはうつむいていた顔を上げてうれしそうな顔で「う

ん！」と答えました。

　ボクたちが出会っている子どもたちは、いろんな場面で「おんな
のこ？　おとこのこ？　どっちなん？」と聞かれたり、「ほんまは
おんなのこなんやろ〜！」「ほんまはおとこなんやろ！」と言われ
たりしています。それはその子たちにとって「いやな聞かれ方・言
われ方」です。
　はじめは「おとこのこやで。」と、〈じぶんの思う性〉をあたりま
えに答えていたＥは、何度も聞かれたり、言われたりすると「どっ
ちでもいいやん……。」とか「宇宙人〜。」とか言ってごまかしたり、
走ってその場から逃げているとＥのお母さんが話してくれました。

　ボク自身も社会のなかで男性として生きはじめた時、同じような
経験をしてきました。その場から走って逃げたこともあります。笑っ
てごまかしたこともあります。でも、それは大人になってからのこ
とです。それでもすごくしんどかったです。
　今、出会っているあの子たちは小さな子ども。あの子たちのそん
な経験を聞くと胸がキューッと痛くなります。

「どっちなん？」と聞く周りの子どもたちは、〈出生時に割り当て
られた性別〉と〈じぶんの思う性〉が同じで、Ｅのように〈出生時
に割り当てられた性別〉とはちがう性を生きる子どもたちのことを
不思議に思うのでしょう。
　外性器のカタチでその人の性が決まると思わされている子どもた
ちの聞き方・言い方の多くは、じぶんとはちがう誰かを「排除」す
るような聞き方・言い方なのでＥは傷つくのです。傷つき、そして「じ
ぶんはおかしいのかな？」と思い、自分自身を否定するのです。

小学生になったEが、学校で上の学年の子に「ほんまはおんなのこなんやろ？」と聞かれ、「おとこのこやで！」と言い返したこと、「Eちゃん？　Eくん？　なんてよんだらいい？」と聞いてくれる同級生のともだちがいて、今までは興味本位で聞かれたり、茶化されることが多かったけれど、丁寧にじぶんのことを聞いてくれるともだちがいてうれしかった、と話していたことをEのお母さんが教えてくれました。

　興味本位や笑いの対象としてではない〝あなたのことを知りたいよ〟そんなともだちの声がうれしかったんだろうなぁと思います。

　また、同級生の子がトイレの入り口で待っていて、「ほんまはおんなのこやろ?!」と言われたことなど、学校でのいやだった出来事について、Eは寝る前、泣きながらお母さんに話したそうです。

　身体のカタチもいろいろ、じぶんのことをどう思うかもいろいろ、じぶんを表現する方法もいろいろ、好きのカタチもいろいろ。そのことを理由に「へんなの！」って排除されていい人なんてひとりもいません。子どもたち一人ひとりの〈性のあり方〉が尊重されることは、「子どもたちの人権が大切にされること」と密接にかかわっています。

　Eがボクに「いっぽさんは、おとこ？」と聞いた理由。

　それは、じぶんと同じように〈出生時に割り当てられた性別〉が女性であるボクの答えを聞くことで、〝じぶんはおかしくない〟ということを確認したかったのではないかと、ボクは思っています。

　子どもたちがじぶんを肯定するためには〝あなたはおかしくないよ〟と誰かに言ってもらえることは大事なことです。そして、子どもたちがじぶんのキモチを出した時、「そうなんやなぁ。」とそのキモチを尊重してくれる人がいること・大事にしてくれる環境がある

ことも、同じくらい大切なことだと思っています。

「ぼくはスカートはいていいですか？」4歳

　約120人が集まった大人向けの講演会。夜19時から2時間の会でした。

　そこに小さな子が参加していました。ボクたちは、大人向けの講演会に2時間も小さな子がしんどくないかなぁ……と思っていました。そのうち、講演会がはじまりました。その小さな子はどこに座っているかわからないくらい静かでした。

　講演が終わって質問の時間になりました。最初に質問されたのは、中学校の先生でした。

　「わたしは、今まで一歩さんのような人や、今日の講演で出てきたような人たちに出会ったことがありません。これから先、じぶんの性について悩んでいる生徒から相談された時、どう言ってあげたらいいのでしょうか？　教えてください。」

　この先生は一生懸命メモを取りながらボクたちの話を聞いていて、きっと目の前の子どもたちの悩みごとをいっしょに考えたいと思っている先生だと思います。そして会場にはこの先生と同じようなことを思っていた人もいたのではないでしょうか。

　「もしボクが先生のクラスの生徒で先生に相談したとしたら、コンちゃんがボクに言ってくれたように『ひとりでそんなこと思ってた

んやなぁ。先生にできることはなにかあるかな。いっしょに考えるよ。』と言ってくれたらうれしいです。」と答えました。
　その後司会の人が、「あと一人くらいなら質問できますが……。」と言うと、会場の一番後ろから小さな手が上がりました。「あっ！あの子や。」と心のなかで思いました。

　その小さな子にマイクが渡り、その子がパイプ椅子の上に立ってやっと顔が見えました。

「ぼくはスカートはいてもいいですか？」それが質問でした。
　ボクが「スカートが好きなんですか？」と聞くと、その子は「はい！」と答えました。「じぶんが好きな服を着ていいとボクは思ってるよ。」と言うと、「ありがとうございました。」と言ってその子は座りました。
　ここで講演会が終わりました。

　講演会が終わるとボクたちのところに一番にやってきたのは、最初に質問した中学校の先生でした。その先生はこのような内容のことを話されました。
「とんでもない質問をしてすみませんでした。わたしの後に質問したあの小さな子と一歩さんのやり取りを聞いていて、わたしは子どもたちにとって『じぶんの思っていることを言いたいなぁ。聞いてほしいなぁ。』と思ってもらえるような人ではなかったかもしれないと思いました。今まで出会っていないと思っていたのはちがったんですね。なのに、今までそんな人に一度も出会ったことがないって最初に言ったでしょ。とんでもないことを言ったなぁと思ったんです。」
　この中学校の先生のように、「わたしはここにいる」と言えない

状況をじぶんがつくってしまっていることに気がつかず「今までで
出会ったことがない」と思っていた人は、きっとこの先生のほかに
もいたでしょう。

　　そこに「いる」のに「いないもの」にしているのは誰なのか？
　　そこに「いる」のに「いないもの」にしているのはなんなのか？

　あの会場にいた人たちはきっとそんなことを考えさせられたので
はないでしょうか。

　あの小さな子は、大好きなスカートを履いてニコニコしながらボク
たちのところにやってきて「しろいちいさなほんください。」と
言いました。講演のなかで紹介したボクの描いた絵本『じぶんをい
きるためのるーる。』を買ってもらって帰っていきました。

　講演会で出会ったＦはその時４歳。
　講演の後、保護者の方からメールが送られてきました。

　　あの講演会でＦが質問したいと手を上げた時「なにを言う
　んだろう？」とドキドキしていました。
　　そしてマイクを持ったＦが「ぼくはスカートはいていいで
　すか？」という質問したのを聞いて「それを聞くんかぁ……」と。
　Ｆは今まで祖父などに言われてきたことで「じぶんは間違えて
　いるのかな」とか「したいと言ったらダメなのかな」とか疑問
　に思っていたんだなぁと。質問させてもらえて、一歩さんに認
　めてもらえた後の表情は、会場のみんなに見てもらいたかった
　くらいに、とてもうれしそうで、やったー！と母にチューをいっ
　ぱいくれて喜んでいました。

その時のＦの顔を見て、わたしは、よかったなぁと同時に、この子のことを、ちゃんと守れてなかったんだなぁと苦しい気持ちにもなりました。あの笑顔を私は絶対に忘れないし、ずっとあの笑顔でいてもらえるようにしたいなと思いました。

　私があの子の祖父母にＦの髪を切ってあげなさいと言われたり、「男の子」にしていくように説得させられていた時、Ｆは「母さんにうるさく言うな！」と守ってくれたのですが「ぼくがスカートをはいたら、母さんが文句を言われる……。」とか考えたりしてたんだろうなぁと。さすがに、パンツや水着は、体の構造的にどうなんかなと制限してしまったり、Ｆの気持ちを考えているつもりでも、やっぱり、フツーにとらわれていたなぁと反省しました。まだまだ守りきれてなかったなぁと。

　Ｆはあの講演会に参加してから、祖父達に色々と言われて自粛していたスカートを履くと言ったり、かわいいスカートを買おうかな、パンツや下着もマイメロがいい、水着もイチゴのスカートのがいい、持ち物もかわいいのがいいと言ったり、ゆっくりと気持ちが出せるようになってきました。Ｆ自身が「おじいちゃんのいうこともわかる。」と言っていた時期もあったので、やっぱり我慢させてしまっていたんだな、私達が迷っていた気持ちもわかっていたんだろうなぁと思いながら、今は、かわいいスカートやワンピースをいっしょに楽しく選んでいます。

　会場には、あの時Ｆが通っていた幼稚園の先生たち、現在Ｆが通っている小学校の先生たち、校区の中学校の先生たち、地域の人たちが参加していました。

　多くの大人が参加している講演会で、なぜ小さなあの子が、じぶんの着たい服を着ていいですか？　といった質問をしないといけな

かったのでしょうか。

〈じぶんの性をどうとらえているか・じぶんの思う性〉〈社会のなかでどんなふうにじぶんを表現して生きていきたいか〉〈恋愛対象として誰のことを好きになるか。また好きにならない、好きがわからないなどさまざまな好きのカタチ〉による偏見・排除がある社会のなかで、生きにくさを感じているのは大人も子どもも同じです。
　小さな子どもたちにとってその偏見や排除は、その子が「じぶん」を生きることに対して大きく影響を与えることは言うまでもありません。
　偏見のことばや目を向けられ、排除されていると感じた時、小さな子どもたちはじぶんの大事なことをどこかにそーっと隠して、多くの人の〝あたりまえ〟に合わせてみたり、合わせることがしんどいなぁ、合わせることができないなぁと思うと、今いる場所にいられなくなってしまうこともあります。
〈出生時に割り当てられた性別〉と〈じぶんの思う性〉が同じであろう子どもたちも、〈出生時に割り当てられた性別〉と〈じぶんの思う性〉がちがうと感じている子どもたちも、すべての子どもたちが、まず〈性のあり方〉〈性の多様性〉について知ることが、一人ひとりの子どもたちの〈性のあり方〉が尊重され、偏見や排除を許さない関係・環境づくりへの第一歩になると思っています。

じぶんの「こうしたい」 「こうありたい」を大切に

　ボクが小学生の時からじぶんの性についてひとりで思っていたこと、今、思っていることについてはじめて話すことができたのが、同じ保育所で働いていたコンちゃんでした。ボクがはじめて、じぶんが本当に「こうしたい」「こうありたい」というキモチを出せた人です。

　じぶんの身体になぜペニスがないんだろう？　と思っていたこと。クラスのともだちにじぶんのことを男の子として見てほしいというキモチがあったということ。恋愛対象として好きになる子が「女の子」として存在している子であったということ。

　こんなじぶんはおかしいと、ボク自身が思っていました。それが、誰にも言えない一番の理由だったと思います。そんなボクがなぜコンちゃんには言えたのか。コンちゃんは、このことを聞いてもボクのことを絶対におかしいと言わない、絶対に笑わない人だという確信がボクのなかにあったからです。

　子どもの人権を大事にする保育についていろいろ話ができる大人同士の関係のなかでも、普段の会話のなかでそれぞれの「ふつう」「あたりまえ」を押しつけるつもりはなく、押しつけてしまっていることはよくあります。

　たとえば、異性愛前提で、恋愛はみんながするもの、結婚して子どもができることを幸せであるといった内容の話はよくありました。そんなよくある話のなかでも、コンちゃんは、その人がどうありたいか？　どうしたいと思っているのか？　を大事に聞いていて、社会の、そしてじぶんの「あたりまえ」を決して押しつけない人だと感じていました。

　また、コンちゃんの保育のなかでの子どもへの見方や、取り組みにもボクは惹かれていきます。

絶対に子どものことを決めつけない、その子がどんな理由で行動をしたのか、どんな理由で発言したのか知りたいよ、と思っている人でした。「どうしたん？」「なんでそんなこと言うたん？」「コンちゃんにできることなにかあるかなぁ？」と、子どもたちが「このクラスやったら安心できるねん」と思えるクラスづくりを本当に丁寧にしている人でした。

　また「この子はこんな子」と決めつけられてきた結果、大人に対して「どうせおとなはオレのはなしなんかきいてくれへん。」と思いながら保育所にきている子どもたちのキモチに寄り添い、「決めつけることがおかしい。」「わたしはあなたのこと絶対に決めつけへんよ。」そんな保育士でした。

　しかし、ボクがコンちゃんのことをすごいなぁと思ったのは、それだけではなく、決めつけられている子と、誰かのことを決めつけて見てしまっている子の関係を変えていくあそびや取り組みを実践していることでした。

　そんなコンちゃんにじぶんのことを話した 24 歳の時のボクは、ボクの話も聞いてほしい！　というキモチでいっぱいでした。コンちゃんはうなずきながら聞いてくれました。「ひとりぼっちでしんどかったなぁ。」コンちゃんがボクに最初に言ったことばでした。

　ボクは「しんどかったなぁ。」と言われた時、「ないこと」にして生活することがあたりまえすぎたから、しんどいなんて思ったことないと思っていました。でも「ひとりぼっちで」ということばには、「世界でたったひとりへんな人」と思って今まで生きてきたことが思い出されて、涙が止まりませんでした。

　ボクはその後、「ほんとはボクって話したかった。」「スカートはいややってん。」「男子の制服が着たかった。」など、具体的な話をしました。

するとコンちゃんは、「そっかぁ。小学生の時からそんなこと思ってたんやなぁ。子どもの時のこと教えてくれてありがとう。24歳の大人の今、一番したいことってなにかある？」と聞いてくれたのです。

　その時ボクが言ったのが、「男性物のパンツ（下着）が履きたい。」ということばでした。

　次の日、コンちゃんはボクのところにきて、「昨日話してくれた、履きたかったパンツいっしょに買いに行こう。」と誘ってくれました。

　その日をきっかけに、コンちゃんの前ではじぶんの大事にしたいことを大事にできる生活がはじまります。なにもうそをつかなくていい、好きなものを好きでいれる、話したいことばで話すことができる、24歳ではじめてじぶんの大事にしたいことを大事に過ごすことができる場所を獲得したボクは、じぶんの「こうしたい」「こうありたい」を大切にできることが、こんなにもうれしく楽しいことなんだと実感していました。

第**5**章

ボクたちが思う「一人ひとりの性のあり方が 尊重される園・所・学校」とは

すべての
こどもたちに
「じぶん、まる！」を。

「あたりまえ」を問い、変えていく

　①Ａ幼稚園では、 3歳の子どもたちにまず女の子・男の子を教えるんです。「男の子、立ちましょう。」「女の子、立ちましょう。」と声をかけ、「男の子立ちましょう。」と言った時に、〈出生時に割り当てられた性別〉が女の子とされる子が立ったら、「あなたは女の子でしょ。」と教えるんです。

〈性のあり方〉について知ってから、あの子はじぶんの性についてどう思っているのかな？　と思ったし、外性器のカタチで男の子・女の子を教えていること自体まちがいなんだと気づいたんです。

　②実習に行った園である先生が「女の子先にトイレに行きましょう。」と言った時に、〈出生時に割り当てられた性別〉が男の子とされる子がトイレに行ったんです。するとその先生が、「あなたは男の子だからまだよ。おちんちんあるでしょ。」って言ったんです。そしてその先生はその子にパンツのなかを確認までさせていて。それはおかしいなぁと思ったけど、なにも言えなかったんです。

　この①②の内容は、ボクたちの大人向けの講演を聞いた先生や学生が、〈出生時に割り当てられた性別〉がその子の性であるということを前提にされている保育内容や子どもへの声がけに気がつき、教えてくれた実話です。

　また、ある小学校では帽子のカタチが、女の子用はハット・男の子用はキャップと決まっていて、〈出生時に割り当てられた性別〉がその子の性であるということを前提にそれぞれの帽子が配られるそうなのです。

「わたしは女の子だからハットをかぶりたい。」と言っても、〈出生

時に割り当てられた性別〉が男の子であればキャップを渡されるというのです。これは、幼稚園などの制服でも同じことが起こりうるのではないでしょうか。

　まず考えたいのは、トイレに行く時、あそぶ時、ご飯を食べる時、並ぶ時、どうして女の子・男の子でわける必要があるのか？　帽子を女の子用・男の子用をつくる必要がなぜあるのか？　ということです。

　保育・教育のなかでは〝今までそうしてきたから〟というような理由で続けられていることがたくさんあると思っています。〈性のあり方〉について知り、〈出生時に割り当てられた性別〉がその子の性であるということを前提にした保育・教育の内容は変えていく必要があります。

　もし、男の子用・女の子用でわける必要があったとしても、当然子どもたちの〈じぶんの思う性〉を尊重して、選べるようにすることが大事です。それが、すべての子どもたちの〈性のあり方〉を尊重することになるからです。

　ある小学校の先生は講演を聞いた後、１年生の算数の教科書を持ってきて「この教科書に出てくる文章問題は、すべてお父さんとお母さんの家族なんですよ。」と教えてくれました。

　そして、その先生はのちの算数の授業で、次のような内容の問題を作って子どもたちに配りました。
「休みの日に、お父さんとお父さんとわたしで買い物に行きました。お菓子屋さんであめを３つ、チョコレートを２つ買いました。」

　問題を見た子どもたちは「先生これまちがってるで。お父さんとお母さんやん！」と言ったそうです。その先生は「まちがってないよ。この子はお父さんとお父さんと暮らしている家族なんやで。いろんな家族のカタチがあるよ。」と話して、算数の授業を続けたそうです。

いつもの授業のなか、朝の会の時、休憩時間でのやり取りのなか
で、子どもたちと話すこと、考えることはできるのです。日常生活
のなかにある今までの「あたりまえ」を問い、変えていくことが大
切です。

「教える」ではなくいっしょに「考える」

　「身体のカタチもいろいろ、じぶんの性をどう思うかもいろいろ、
じぶんをどう表現したいかもいろいろ、じぶんがどんな人を好きに
なるか、好きにならないなど好きのカタチもいろいろ。100人い
れば100通りの性があるといわれ、これを〈性の多様性〉といい、
性が多様であることはとても自然なことである。」ということを知っ
てからは、じぶんの「あたりまえ」が、隣の人の「あたりまえ」で
はないということが、ボクの「あたりまえ」になっています。

　ボク自身、〈性のあり方〉について知った後、生活のなかでのア
ンテナの数が増え、使うことばが変わり、出会う人も変わりました。
　たとえば、〈性のあり方〉を知る前までのボクは、じぶんのなか
で相手の性別を勝手に決めて「Aくん」「Bさん」というように呼
び方を変えたりしていたけれども、〈性のあり方〉について知って
からは、出会った人には必ず「なんて呼んだらいいですか？」と、
その人がどんなふうに呼ばれたいかを聞くようなりました。
　また、ラジオを聞いていてもテレビを見ていても、「誰もが異性
を好きになる」が「あたりまえ」で会話されている内容に引っかか
るようになりました。
　誰もが恋愛をして当然のような会話がされた時も、「その人が恋
愛することを望んでいるかどうかはわからないけどね。」と話して

いる相手に伝えることもあります。

　今まで生きてきたなかで、じぶんの「あたりまえ」を誰かに押しつけるつもりなく押しつけてきたんじゃないか、そんなことをたくさん振り返り、考えるようになりました。

　なので、子どもたちの講座で「じぶん」の話をする時、ボク自身がみんなの「あたりまえ」にあてはまらなくて悩んでいたことも話しますが、ボクがボクの「あたりまえ」で誰かのことを否定し排除してきたんじゃないかと思っていることを具体的に話します。そのことに気がついたのは、大人になって〈性のあり方〉〈性の多様性〉を知ったからだということについても話します。

〈性のあり方〉〈性の多様性〉について教えるではなく、〈性のあり方〉〈性の多様性〉から子どもたちといっしょに「じぶん」について、近くにいる誰かについて考える時間にしたいと思っています。

　にじいろ i-Ru（アイル）がしている大人向けの講演を聞いてくれていた高校の先生が、子どもたちにぜひ話をしてほしいと学校に呼んでくれました。

　そして講演後ボクたちのところにきて、「あの子たちが結婚して子どもを産む前にこの話を聞けてよかったです！」と話してくれました。

「先生、話のなかで子どもたちにも言ったように、恋愛をしたいと思ってない人・恋愛感情がない人もいます。結婚を望んでない人もいます。今日出会った子どもたちのなかにもきっといろんな子たちがいると思います。そして、みんなが子どもを産むかどうか、ほしいと思うかどうかもわからないですよね。」とボクが言うと、「あっ、そうでした……。」とその場でハッとされた様子でした。

「ここで、こんな話ができたのはよかったです。大人同士、こんなふうに話ができたらいいですよね。」と伝えました。

「結婚をして子どもを産むことがあたりまえ」「結婚をして子どもを産むことが幸せ」、それが前提で話される内容、かけられることば、される授業は、誰かの「あたりまえ」を押しつけることになります。大人自身もじぶんのなかにある「あたりまえ」と向き合い、その「あたりまえ」を問うことが大事だと思っています。そして大人が「じぶん」と向き合っている姿や、じぶんを問うてきたその過程を子どもたちに見せたり話したりすることによって、子どもたちといっしょに考えていくことができるのではないでしょうか。

■ 0歳から〈性のあり方〉〈性の多様性〉を知ることの大切さ

にじいろ i-Ru（アイル）が出前講座をはじめた2016年、HPに〈講座のねらい／内容〉〈対象は4歳児～中学生〉〈クラスごとにする〉といったことを提示し投げかけた時、周りからは「そんな小さい年齢の子たちになにをするの？」「まだ早いのでは？」などの声が聞こえてきました。

ボクたちがなぜ小さな子どもたちを対象に講座をはじめたのかというと、子どもたちは生まれた瞬間から〈性のあり方〉〈性の多様性〉について知る権利があると思っているからです。

すべての人が性についての情報を得たうえで、どのような性を生きるか、じぶんがどのような存在でありたいか、誰が好きで、誰とどんな関係を結んで生きていきたいか、じぶんで決めるものだと思っています。

もちろん、子どもたちにとっても同じことがいえます。そのためにも、まずは大人が〈性のあり方〉〈性の多様性〉について深く知ることがとても大事なことだと思っています。

そしてもうひとつ大事なことは、誰かの性を誰かが勝手に決める

ことはできないということです。親であってもわが子の性を勝手に決めることはできません。

　その子が自分自身の性をどうとらえているのか（女？　男？　どっちのキモチもする？　どっちかわからない、など）、またどんな表現を大事にしたいのか（一人称は？　髪型は？　好きな色は？　服装はどんなのが好き？　など）、どんな人を好きになる？　誰も好きにならない？　恋愛感情がない、など。その子の性はその子の大事なものだからです。

「お母さんとお母さんの家族」「お父さんとお父さんの家族」「じぶんの性を生きるいろんな大人たち」「こうありたいじぶんを生きている大人たち」があたりまえに存在することは、小さな子どもにとってまず〝性が多様であること〟を知る最初の情報になると思っています。

　多様性に満ちた大人たちがいる環境のなかで育つことのできる子どもたちは、きっとそれが「あたりまえ」で、じぶんのことも、誰かのことも尊重できる人に育っていくのではないでしょうか。

権利の不平等

〈出生時に割り当てられた性別〉と〈じぶんの思う性〉が同じであろう子どもたちは、「なぜあなたは女の子なの？　なぜあなたは男の子なの？」と、誰かに〈じぶんの思う性〉について理由を聞かれることもなく、困ることなく生きることができています。それは、その子たちが園・所・学校のなかで〈性のあり方〉においてマジョリティだからです。

　社会はマジョリティの「あたりまえ」を中心に動いていることがたくさんあります。園・所・学校も同じです。なので、〈性のあり方〉においてマジョリティである〈出生時に割り当てられた性別〉と〈じぶんの思う性〉が同じであろう子どもたちは、その子たちがなにも説明しなくても、なにもがんばらなくても〈じぶんの思う性〉を尊重されています。

　では、ボクたちが出会っている〈出生時に割り当てられた性別〉と〈じぶんの思う性〉がちがうと言っている、園・所・学校のなかで〈性のあり方〉においてマイノリティの子どもたちの現状を見てみるとどうでしょう。

　幼稚園で先生に「女の子と男の子にわかれて〜。」という声をかけられた時、男の子のほうに行くと、「女の子はこっちよ。」と言われ、女の子のほうに連れていかれ大泣きした３歳のあの子。
　クラスのともだちに「おんなのこでしょ！」と言われ、「おとこのこ！」と言っても信用してもらえず、トイレの個室で用を足しているところをのぞかれた５歳のあの子。
　園の子たちに何度も「おとこのこやろ？！」と言われていること

を知った家族が、本人に「そんな時どうしてるん?」と聞くと、「む
ししてる。ようちえんのことはようちえんでおわらせてるから。」
と答えた5歳のあの子。

　ボクたちが出会っている小さなあの子たちは、何度も何度も「お
んなのこ?　おとこのこ?　なんで?」と聞かれたり、「おちんち
んあるやん!　おとこのこやろ!」「おんなのこやんかぁ。おとこ
のこちゃうやん!」と言われています。

〈じぶんの思う性〉について理由を聞かれ、説明を求められ、それ
はまちがっていると言われています。〈出生時に割り当てられた性
別〉と〈じぶんの思う性〉がちがうマイノリティとされる子どもた
ちの〈じぶんの思う性〉は否定・排除されている状況があります。

〈出生時に割り当てられた性別〉と〈じぶんの思う性〉が同じであ
ろう子、同じだと言っている子、〈出生時に割り当てられた性別〉
と〈じぶんの思う性〉がちがうと感じている子、ちがうかもしれな
いと思っている子も、すべての子どもたちが同じように〈じぶんの
思う性〉で生きる権利が守られなければいけません。その権利に不
平等があってはいけないのです。

〈性のあり方〉においてマイノリティとされる子どもたちというの
は、〈じぶんの思う性〉を尊重されていない子どもたちだけではあ
りません。恋愛対象が同性であったり、同性・異性関係がなかったり、
恋愛感情がない子、また、じぶんの性がわからない・決めたくない子、
性器のカタチ・状態がいろんなカタチ・状態の子もそうです。また、
性のこと以外にもたとえば、しょうがいがある子、いろんな特性を
持っている子、外国にルーツがある子、在日コリアンの子、被差別
部落の子など、園・所・学校のなかでさまざまなマイノリティ性を
持っている子どもたちが、そのことを理由に「じぶん」を生きる権

利を奪われることがあってはいけないと思っています。

　子どもたちから送られてくるお手紙には、じぶんのルーツのことや、ふたつの名前のこと、家族・生活のこと、じぶんの特性・特徴のことが書かれています。
　じぶんの特性をからかわれていやだったこと、母子家庭であることを誰にも言えずお父さんがいることとしてずっと生きてきたこと、じぶんのルーツについてばかにされたり嫌がらせをされてきたこと。そして、そのことを誰にも言えず、じぶんが悪い・じぶんがおかしいと、自分自身を否定してきたこと。ボクとコンちゃんの話を聞いてじぶんはおかしくないと思えたことなどが、子どもたちのことばで丁寧に書かれています。

　子どもたち自身が、今、じぶんがいる教室に、すぐ隣に、いろんな人がすで存在しているということを知ること。そして、じぶんはあたりまえに守られている権利が、隣のともだちは同じように守られていないことがあることを知ること。知ったうえで、じぶんは誰とどんなふうに共に生きていきたいのか、子どもたちといっしょに考えていきたいです。

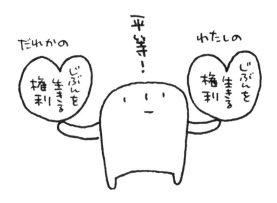

「理解」「思いやり」「受け入れる」ではなく 「尊重」を

〈性のあり方〉や〈性の多様性〉について少しずつ知られるように
なった今、〈出生時に割り当てられた性別〉と〈じぶんの思う性〉
がちがうと感じている子どもたちは、じぶんの性をどう思っている
かということについて、じぶんの「ことば」で周りの人に伝えてい
るにもかかわらず、周りの人たちはじぶんたちの勝手な「ことば」
をつくり、「理解し思いやりを持って受け入れる」ことを大事にし
ようとしている場面に出会うことがあります。

　それはどういうことかというと、たとえば「〈出生時に割り当て
られた性別〉が女の子、〈じぶんの思う性〉が女の子」であるＡが、
「わたしは女の子」と言えば、Ａは周りの人から女の子として尊重
されます。それに対して、「〈出生時に割り当てられた性別〉が男の子、
〈じぶんの思う性〉が女の子」のＢが、「わたしは女の子」と言うと、
周りの大人たちは、「Ｂちゃんは女の子になりたいと思っている男
の子なんだよ。」とＢちゃんの周りのともだちに説明したり、「Ｂちゃ
んのことをクラスのおともだちは女の子とか男の子ではなくて、Ｂ
ちゃんとして理解しているようです。みんなＢちゃんとして受け入
れているようです。」というように言われることがあります。
　Ｂちゃんが「わたしは女の子」と言っていることについて「理解
し思いやりを持って受け入れる」ではなく、Ａちゃんと同じように
女の子として尊重されるべきなのです。

　そして、よくあるのがＢちゃんのような子が困らないように配慮
するというやり方です。
　Ｂちゃんは女の子と言っているのに、小学校に上がる時には「多

目的トイレを使えるようにしています。」と説明されたり、「着替え
の部屋もちゃんと用意しています。」と言われることがあります。
　〈出生時に割り当てられた性別〉と〈じぶんの思う性〉が同じであ
ろう子どもも、〈出生時に割り当てられた性別〉と〈じぶんの思う
性〉がちがうと感じている子どもも、じぶんがどこのトイレを使い
たいか、どこで着替えたいか、ともだちとどんなふうに過ごしたい
かは、その子が決めれるといいなぁと思っています。いろんな理由
で「ここを使いたい。」「こんなふうに過ごしたい。」それぞれの子
どもたちが考え選択できる環境が必要です。そのうえで、子どもた
ちが「ここはこうしたい。」「これは困っているからいっしょに考え
てほしい。」と伝えてもらえるような関係が必要です。
　なにに困り、なにをしんどいと感じるかは、子どもによってそれ
ぞれちがいます。それを伝えてもらうことができてはじめて、その
子が安心して過ごせる方法をいっしょに考えることができるのでは
ないでしょうか。

┃ いろんな大人が存在できる園・所・学校
┃ （職員室にもいろんな人がいる！）

　第3章で書いた「いろんな人たちに出会ったボクたちは気づいた
ことがあるねん。それは、コンちゃんもボクも、いろんな人たちの
なかにいる大事なひとりやってこと。世界のどこか遠くにいろんな
人がいるのではなくて、ボクが過ごしたあの教室に、ボクのすぐ近
くにいろんな人がいたんやってこと。このクラスにもこの学校にも
いろんな人がいるよね。身体のカタチもいろいろ。じぶんの性につ
いてどう思うかということについても、いろんな人がいる。表現だっ
ていろいろ。好きのカタチ、家族のカタチも、いろいろなはずやね。
みんなのすぐ近くに、ここに、すでにいろんな人がいて、あなたも
そのなかのひとりなんやで。みんなは、どれだけいろんな人に出会

えてるかな？ 出会えてないとしたらなんでなんかな？」という内容は、園・所・学校で働いている大人の人たちにもいえることです。

　子どもたちといっしょに講座に参加する職員の感想を見ていると、自分自身について考えたこと、子どもたちについて考えたこと、そしてこれから子どもたちと考えていきたいことをいっぱい書いてくれている人がいます。

　そこに書かれているような内容が、同じ職場の働く仲間のなかでも大事にされていたらいいなぁ、話ができる職員同士の関係があったらいいなぁと思っています。

「ずーっと恋愛には別に興味がないというか、ひとりがいいって思ってきたんです。子どもたちの講座の話を聞いていて、わたしは〈ともだち紹介〉で出てきた、恋愛感情がないっていうあのともだちといっしょなんやなぁって。なんかストーンと落ちたんです。」
「じぶんのことを〝女でも男でもない〟と小学生の時から思っていました。でも、身体のカタチで女として生きないといけないと思い、モヤモヤしたキモチがあっても誰にも言わず今まで生きてきました。講座の話を聞いていて〝女でも男でもない〟そのままでいいんだとはじめて思えてとてもうれしかったです。」

　など、小学校で講座の後、話してくれた先生たちがいました。

　子どもたちにとって、いろんな人に出会えること、いろんなことに出会えることは、そのことを通して「じぶん」について考えることにつながっていると思っています。小さな子どもたちがどんな人に出会えるか、どんな社会とつながるかは、小さな子どもたちの周りにいる大人の存在がとても大きいです。

　では、大人はどんな社会とつながっているか、どんな人と出会えているのか。子どもたちの周りにいる大人たちにとっても、いろんな情報を得ることができる環境があること、そしていろんな人と出

会えることもとても大切なことだと思っています。

　それぞれの大人にとって、今いる場所が、誰ひとりとして〝いる〟のに〝いない〟ものにされず、そこで働いている一人ひとりの人権が大事にされるそんな環境であることは、とても大事だと思っています。

コラム5　いろんな人との出会いを通して、ボクはボクを生きている

　身体のカタチもいろいろ、じぶんの性をどう思うか？　男・女・男でも女でもない・男でも女でもある、などもいろいろ、じぶんをどう表現したいかもいろいろ、じぶんがどんな人を好きになるか、好きにならない、など好きのカタチもいろいろ。

　このことを知ったボクは、じぶんのことをおかしくないと思えるはずなのに、「おかしい」と思うところから抜け出せずにいました。

　そして、そのころ一番悩んでいたのは、いろんな人権問題について考える環境があるなかで育ったボクが、なぜ〈性のあり方〉〈性の多様性〉についての情報に出会うことができなかったのか？　なぜ誰も教えてくれなかったのか？　なぜ、ボクと同じような人にボクは出会えなかったのか？　ということでした。

　そんな時出会ったのが土肥いつきさんでした。コンちゃんがある時、「これ読んでみたら。」と教えてくれたのが、NHKの福祉ネットワークに出演していたいつきさんの映像を文字起こしした記事でした。「この人に会いたい。」「この人の話が聞きたい。」と思いました。

　いつきさんの話をはじめて聞いたのは、2009年3月、ボクが生まれ育った地域での講演会でした。その時ボクは、34歳でした。京都の高校の先生で、トランスジェンダーであるいつきさんが、学校で在日コリアンの子どもたちや被差別部落の子どもたちと出会い、その子どもと周りの子どもたちとともに人権について考える取り組みをしてきたこと、自分自身の〈性のあり方〉について考えてきたこと、悩んできたこと、家族のこと、〈性の多様性〉について話をしてくれました。

ボクは聞きながら、じぶんと重ねたり、自分自身について考えたりしていました。そして、人権教育を大切にしていた大人のなかにも、ボクと同じような人がいたことがわかったのです。

　ボクの生まれ育った地域では、部落差別のため好きな人と結婚できなかったり、結婚するときに部落差別にあった人たちが多くいます。そんななかで、子どもや孫たちが好きな人と結婚できることが、ボクの地域の人たちにとっては「幸せ」のカタチなのです。なので、子どもや孫、地域の若い子たちに「彼氏できたんか？」「彼女できたんやなぁ。」「結婚まだか？」といった声は、日常的に飛び交っています。

　厳しい部落差別を受けてきた人たちの、地域の子どもたちの「幸せ」を願っての声だということをボクはよく知っています。部落差別と闘うためにできたコミュニティのつながりの強さのなかから生まれた「愛あることば」なのです。

　人権教育がされてきた学校でも、そしてボクが小さなころからかかわってきたあの大切な人権運動のなかでも、ボクが生まれ育ったあの地域にも、いたけど、「ここにいる」と言えなかった人がいたということ。「ここにいる」と言えない環境がそこにはあったということがわかったのです。

　〝出生時に割り当てられた性別がその人の性である〟そして、〝誰もが異性を好きになる〟それが「あたりまえ」だとみんなも思っていたのです。

　そして、そこにあてはまらないとされる〈性のあり方〉に対しての偏見や差別があったのでしょう。そんななかで、その人たちはいないものとされ、ボクは出会うことができなかったのです。ボクの疑問は少しずつ解けていきました。

　ボクはいつきさんとの出会いをきっかけに、「じぶん」を表すことばを獲得していきます。24歳の時コンちゃんに話してから、

長い時間をかけて「じぶん」と向き合ってきました。

〈性のあり方〉〈性の多様性〉について知ったボクは、うれしいキモチもあったけれど、苦しんだ時間のほうが長かったです。それは、24年間〈出生時に割り当てられた性別〉である女性として生きてきたボクが、〈じぶんの思う性〉である男性として社会で生きていくということはそんなに簡単なことではなかったからです。

カミングアウトしたころのボクは、「なんでわかってくれへんの？」と周りを責めたこともありました。冷ややかな周りの視線を感じた時、怖くてしんどくて家に引きこもったこともあります。

そんな時に「しんどいなぁ。それでも一歩はなにもおかしくないで。」と言って、見守ってくれたのはコンちゃんと、生まれ育った地域でいっしょに活動していた仲間でした。

また、そのころはじめた表現活動（絵を描いたり、手彫りのハンコを作ったり）を通して、いろんな人に出会っていきます。

アーティスト ippo. として活動している時のボクは、じぶんのなかにあるキモチを表現することで、一生懸命じぶんを生きようとしていたように思います。ボクの表現活動を見たある人が絵本を作ってみないかと声をかけてくれました。そんななかでできた絵本が、『じぶんをいきるためのるーる。』でした。

ボクはこの絵本を作っている時、まだとてもしんどかったと思います。社会のなかでじぶんをどう生きていったらいいのか、悩んでいる時でした。絵本ができあがった時、「るーる６　じぶんのことをおかしいとおもわない。」はクリアできていませんでした。

絵本を作りながら気がついたこと。それは、絵本に出てくる６つのるーるは、生活に密着したことであるということ。そして、誰かにとっては簡単なこの６つことが、ボクのしたかったことな

んだということ。そして「あなたはおかしくないよ。」「ひとりじゃ
ないよ。」「じぶんでいいよー。」ということばは、ボクが子ども
のころ誰かに言ってほしかったことばであるということです。

　大人になったボクは、ボクと同じように「ひとりぼっち」だと
思っている子どもたちや、じぶんのことを「おかしい」と思って
いる子どもたちに、この絵本を届けたいと思うようになります。

　にじいろ i-Ru（アイル）を立ち上げ、子ども向けの講座で、子
どもたちとのいろんなやり取りを通して、ボク自身もじぶんと向
き合うことがまた増えました。そんななかでやっと、表現活動や
モノづくりをしている ippo. と、にじいろ i-Ru（アイル）の活動
をしている一歩が、少しずつひとりの人として存在できるように
なったのです。

さいごに

　この本を出版するにあたって、子どもたちの具体的な姿や「こと
ば」を通して見えてきたこと、考えさせられたことを、なるべくた
くさん載せたいと思いました。
　子どもたちは〝ここでは出せる・出してもいい〟と思える場所・
環境で、〝この人は聞いてくれる、この人に話したい″と思える人に、
今のじぶんのキモチを態度で表すことができたり、「ことば」で伝
えることができるんだと、講座を通して実感しています。

　講座のなかでボクが、
「コンちゃんは、子どもたち一人ひとりのキモチを大事にしたい
なぁ、あなたはなにが好き？　なにが苦手？　あなたのこともっと
知りたいよ、コンちゃんのことも知ってね。あなたと仲良くなりた
いよと思っている先生やったよ。『そしてＡちゃんはこんな子！』っ
て絶対に決めつけなかった。子どもたちがどんなことを言っても、
どんな行動をしても、『それはおかしい！』って言わなかったよ。『な
んでそんなん言うたん？』『なんでそんなことしたん？』って聞い
てたよ。そして『コンちゃんにできることなにかある？』っていっ
しょに考える先生やってん。」
　と話した時、「Ｂ先生といっしょや〜！」と言って担任の先生を
見た子どもたちがいました。
　ボクは「そっかぁ。いっしょなんやなぁ。」と言うと「うん！」と、
とてもうれしそうに教えてくれました。
　講座の後、こんな感想を伝えてくれた先生もいました。
「じぶんは子どもたちにとって安心できる人になれてるかなぁ？

そんなことを考えていました。子どもたちにとって、そんなひとりになりたいです。」

　ボクたちがしている講座は子どもたちが対象です。話を聞いた子どもたちが、今までじぶんが思ってきた「あたりまえ」を振り返り、「じぶん」について、ともだちについて深く考える時間になればいいなぁと思っています。

　講座のなかで子どもたちから出てくる「あたりまえ」「偏見」は、ボクたち大人によって持たされた「あたりまえ」「偏見」であることがほとんどです。参加してくれている大人たちも、子どもたちといっしょに「じぶん」ついて考え、じぶんのなかにある「あたりまえ」「偏見」について考える時間になればいいなぁと思っています。

　そしていつの日か、〈ともだち紹介〉で「ボクは、お母さんとお母さんの家族です。」というともだちが出てきた時に、「あっ、わたしといっしょの家族や〜。」と言えたり、「ボクは男の子です。男の子が好きです。」というともだちが出てきた時、「ボクもいっしょやで。」と、子どもたちのなかからそんな声が聞こえてくるような教室・園・所・学校・社会にしたいです。

　そのためには、今じぶんにはなにができるか考え続けたいです。

　この本では子どもたちのことを中心に書きました。しかし、いつの時代もいろんな性を生きる人たちはいたということを忘れてはいけないと思っています。

　歴史のなかでじぶんの思う性を生きたくても生きることができなかった人たち、同性を好きだということや、好きがわからない、恋愛感情がない、ということを誰にも言えず、言わずに生きてきた人たちがいます。

　その人たちがその時その時の時代のなかで、「じぶんはここにいる。」とそれぞれに表現し、闘い、苦しみ、笑い、悲しみ、連帯し

てきたからこそ、今、ボクたちはここにいるのです。その歴史を大切に、今を生きる子どもたちといっしょに生きていきたいと思っています。

　ボクたちが出会っている小さな子どもたちは、一生懸命、「こうありたいじぶん」を出しています。それなのに「小さい子どものことはまだわからないから、生まれてきた時に割り当てられた性別で育てたほうがいい。」などと言う大人たちもいます。またその子の今のキモチを大事にかかわっている大人に対して、「あなたの育て方が悪い。」ということばをかける人もいます。

　ボクはじぶんを生きたいと一生懸命言っている小さな子どもたちの存在を、いないものにしてはいけないと思っています。小さいから……子どもだから……それは理由にはなりません。小さくても、子どもでもじぶんを生きる権利があります。そして、その小さな子どもたちの近くで悩みながらもその子どもたちのキモチを大事にしようとしている大人たちがいます。

　第4章では、ボクたちが出会った何人かの小さな子どもたちのことを書きました。わが子のことやわが子を通して思ってきたこと、今思っていることなど。この本に載せることを承諾してくれた保護者の方には本当に感謝しています。ありがとう。

　この本が、今ひとりぼっちで悩んでいるかもしれない大人たちにとって、〝ひとりじゃない〟と思える、そんな本になることを願っています。

　そして、「子どもたちの大事にしたいことをいっしょに大事にしたいよ。」と思える大人の人がひとりでも増えたらいいなぁと思っています。また、そんな大人と大人がつながることができるきっかけになればとてもうれしいです。

田　中　一　歩

世界でたったひとりの
だいじな「じぶん」

この本を読み終えたあなたは
どんな「じぶん」ですか?
あなたの「じぶんちゃん」を
ココに表現してみてねー!

田中一歩（たなか いっぽ）
兵庫県生まれ。元保育士。大阪府豊中市の保育所を退職後、2002 年、
待機児童解消のための保育ルームを兵庫県西宮市で開設。6 年間の保育
ルーム運営を終え、創作活動を始める。現在、ippo. としてモノづくり
やデザインの仕事もしている。
2015 年、自身の経験をもとに絵本『じぶんをいきるためのるーる。』（解
放出版社）を出版。同時に、コンちゃん（近藤孝子さん）とふたりで「に
じいろ i-Ru（アイル）」を立ち上げる。セクシュアルマイノリティとさ
れている子どもたち、またすべての子どもたちに「じぶん、まる！」を
届けるため活動をつづけている。
2016 年からはじめた、4 歳児以上対象の出前講座〝「じぶんをいきる
ためのるーる。」を子どもたちに届けよう！〟は、7 年間で約 1000 講
座を超える。
『ちゃいるどネット OSAKA』に「じぶん、まる！」、『季刊 SEXUALITY』
に「性の多様性から『じぶん』について考える子どもたち」を執筆連載中。

じぶん、まる！
子どもたちといっしょに、
性の多様性から「じぶん」について考える

2023 年 3 月 15 日　初版第 1 刷発行
2024 年 7 月 1 日　初版第 2 刷発行

文と絵　田中一歩
編集協力　近藤孝子
発行　株式会社　**解放出版社**
　　　大阪市港区波除 4-1-37　HRC ビル 3 階　〒 552-0001
　　　電話 06-6581-8542　FAX 06-6581-8552
　　　東京事務所
　　　東京都文京区本郷 1-28-36　鳳明ビル 102A　〒 113-0033
　　　電話 03-5213-4771　FAX 03-5213-4777
　　　郵便振替 00900-4-75417　HP https://www.kaihou-s.com/
装幀　ippo.
本文レイアウト　伊原秀夫
印刷・製本　株式会社 太洋社